42堂心理必修课

王秋霞　韩玉奎　编著

中原出版传媒集团
中原传媒股份公司

大象出版社
·郑州·

图书在版编目(CIP)数据

42 堂心理必修课 / 王秋霞, 韩玉奎编著. — 郑州 :
大象出版社, 2019. 10 (2022. 2 重印)
ISBN 978-7-5711-0242-5

Ⅰ. ①4… Ⅱ. ①王… ②韩… Ⅲ. ①心理健康-健康
教育-教学研究-中小学 Ⅳ. ①G444

中国版本图书馆 CIP 数据核字(2019)第 151535 号

42 堂心理必修课

42 TANG XINLI BIXIU KE

王秋霞　韩玉奎　编著

出 版 人　汪林中
责任编辑　梁金蓝
责任校对　霍红琴
装帧设计　王　敏

出版发行　大象出版社(郑州市郑东新区祥盛街 27 号　邮政编码 450016)
发行科　0371-63863551　总编室　0371-65597936
网　　址　www.daxiang.cn
印　　刷　河南瑞之光印刷股份有限公司
经　　销　各地新华书店经销
开　　本　720 mm×1020 mm　1/16
印　　张　16.75
字　　数　260 千字
版　　次　2019 年 10 月第 1 版　2022 年 2 月第 3 次印刷
定　　价　39.00 元
若发现印、装质量问题,影响阅读,请与承印厂联系调换。
印厂地址　武陟县产业集聚区东区(詹店镇)泰安路与昌平路交叉口
邮政编码　454950　　　　电话　0371-63956290

序

我与王秋霞老师结识已有十年了。十年来，我见证了她和她的心理健康团队的成长。多年来，他们在心理健康教育教学的道路上做出了积极的探索和实践，组建心理课研究团队，研发校本心理健康课程，多次代表我省参加全国的心理课比赛，发表多篇心理健康教育文章。2016 年，该团队所在的河南省济源第一中学获得了“全国心理健康教育特色校”荣誉称号。我为她们取得的成绩喝彩，为她们的成长感到欣慰。

看了《42 堂心理必修课》这本书，我认为有以下几个特点：

一、操作性和实用性强。这本书以心理健康课实录的形式展现了一节课的完整过程。这种操作性、实用性强的心理健康课程书籍在国内还是不多见的，却是心理健康教师最为需要的。毕竟许多学校还没有开设心理健康课，在心理健康教育课程逐渐普及的今天，心理健康课是什么样的？怎样上好心理健康课呢？这本书给出了最好的答案。

二、体现了心理健康教育课程的特点。心理健康教育课程以活动为主线，重视体验和分享，紧密联系学生实际，以培养学生关键品格和必备能力为宗旨，充分遵循心理健康教育课程的教学原则。

三、落实了教育部《中小学心理健康教育指导纲要》（2012 年修订）（以下简称《纲要》）的精神，关注了学生发展的核心素养。本书的内容是根据《纲要》中提出的要求而设计的，课程设计体现了活动、体验和调适的教学原则，实现了学生发展核心素养倡导的学生适应社会应具备的关键品格和必备能力。

随着学校心理健康教育课程开设学校的增多，许多学校的心理健康教育工作由非心理专业的任课教师、班主任兼任，许多教师还没有接受过系统的心理健康教育教学专业培训。这些兼职的心理健康教师往往“一人多岗”，工作繁重，他们更需要一本拿来就能用的心理健康课操作手册。这本书不仅可以为心理健康教育工作者提供参考，也为班主任开好学生喜欢的班会，学科教师在课堂上如何实施素质教育、践行学生发展核心素养、活跃课堂气氛、激发学生学习的积极性、发挥学生的潜能、实现学生的自我成长提供了可操作性的抓手和示范。

这本书是王秋霞老师和她的团队多年来从事心理健康教育教学的经验积累，如有不足之处，恳请广大读者给予包容并提出宝贵意见。

河南省基础教育教学研究室　史彩娥

目　录

认识自我与尊重生命

人际交往与情绪调适

升学择业与人生规划

学会学习与适应社会生活

认识自我与尊重生命

正确认识自我，在面对问题时能够积极主动解决。认识生命的独特性，树立正确的生命观，爱护自己的生命，也珍爱他人的生命，积极探寻人生的价值和意义。

第1课　自己眼中的我

◎ 王秋霞

教学背景 自我包含物质自我、心理自我、社会自我、理想自我和反思自我五个层面。青少年的自我意识发展到第二个飞跃期，由于生理发育的加速和性发育走向成熟，他们非常关注自己的外貌和体征，重视自己的学习能力和成绩，关心自己的人格和情绪特征。按照埃里克森的人格的社会心理发展理论的八阶段观点，青少年容易因为不恰当的自我认识而产生心理困扰，表现为不恰当的自我接纳或自我否定，这些影响了他们的心理健康。本课旨在引导和帮助学生认识自己，合理评价自己，恰当接纳自己，力争做最好的自己。

教学目标

1. 列举10个自己的特点，形成“主观我”的认识。
2. 能够对比分析自己的优缺点，整合为更加全面的自我认识。
3. 能够接纳自己的优缺点。

教学重点 全面客观地认识自我。

教学难点 运用具体化技术处理自我消极认知与评价。

适合对象 七年级至高三年级。

教学时间 40分钟。

课前准备 A4纸若干，空纸盒一个，贴有标签的纸杯两个，轻音乐。

教学过程

一、热身活动：大风吹，小风吹（5 分钟）

［活动规则］老师说“大风吹”，学生答“吹什么”。老师说出一个特征，如戴眼镜的人、穿红色上衣的人、单眼皮的人、爱吃面条的人、勇敢的人、爱小动物的人、想当医生的人、自信的人、热爱学习的人等。符合这个特征的学生迅速起立。老师说“小风吹”，学生答“吹什么”，老师说出一个特征，不符合这个特征的学生迅速起立。“大风吹”“小风吹”交叉无规律进行，中间出错的学生要接受小惩罚——到讲台上鞠躬。

（师生互动。）

师：刚才的“大风吹，小风吹”大家玩得开不开心？当然，我们要对这个活动进行思考：为什么有的同学在听到一些特征时可以迅速起立，有些同学却表现得犹犹豫豫？这与我们对自己的认识清不清楚、准不准确有着很大的关系。今天我们心理课的主题就是“自己眼中的我”。

［设计意图］活跃课堂气氛，引起学生注意，导入本课主题。

［备注］进行“大风吹，小风吹”，教师一定要提前准备一些特征，可以按照自我的五个层面和自我认识的深刻性两个维度来准备，要让学生有因为自我认识的广度和深度的差异而产生游戏效果差异，便于激发学生的感受和思考。

二、活动一：我是谁（5 分钟）

师：古希腊的圣城太阳神圣殿外有一句名言：“人啊，认识你自己!”康德把这条神谕归结为三大哲学追问：我是谁？我从哪里来？我要到哪里去？这三大追问分别代表着：认识自己，了解自己所处的环境和拥有的能力，确定我的目标是什么。“我是谁”无疑是首要的问题。你了解你自己吗？现在，我们进行第一个活动“我是谁”。

［活动规则］在纸上写出 10 条“我是______的人”。使用词语或者短句进行描述，可以是外形特点、优缺点、兴趣、爱好、能力、优势、性格等。每位学生独

立完成，不要标注姓名，完成后放入老师的纸盒内。

师：（播放轻音乐）现在请大家闭上眼睛，在这段轻柔的音乐中平静下来，用心问问自己——我是谁？我是什么样的人？我有怎样的容貌、脾气、性格？我有哪些社会角色和梦想？我如何看待自己？……（一分钟后）好，请大家睁开眼睛，在纸上写出 10 条“我是______的人”。写完后，放到讲台上的纸盒里。

（学生行动。）

［设计意图］ 通过描述活动，让学生把自己各方面的特征呈现出来，为下一阶段做铺垫。

三、活动二：猜猜我是谁（15 分钟）

师：这里是大家对自己的描述和评价。这些认识是否客观、全面、准确？下面的活动“猜猜我是谁”会揭晓答案。

［活动规则］ 老师随机在纸盒中抽取学生写的纸条，当众宣读，请同学们来猜一猜描述的是谁。如果猜中，描述人起立。如果猜错 3 次，描述人揭晓答案，大家分析猜错原因。

师：为什么有的同学很容易能被猜出来，有的却很难？

生：对自己的描述不全面、不到位；不太了解自己；描述得太宽泛，没有把独有的特点写出来。

师：如何客观全面地认识自己？

生：照镜子，反省，听听别人怎么说。

师：客观全面地认识自己有什么作用？

生：能够扬长避短，便于改善，可以做一个更好的自己。

师：如何对待自己的缺点？

生：接纳自己的不完美，努力改变可以改变的地方。

［设计意图］ 通过同学们的反应来验证学生对自己的认识是否准确、客观、全面，分析其原因。

四、活动三：再看“我是谁”（12 分钟）

筛选出一些消极评价过多的纸条进行互动。

生 1：我是一个没有勇气的人。

师：发生了什么事？让你觉得自己没有勇气？

生 1：以前，我不敢当众说话，怕说不好，被别人笑，总觉得自己不勇敢。

师：如果再遇到此类事情，如何做你可以获得勇气？

生 1：比如今天，不要考虑别人的看法，多锻炼，我就能获得勇气。

生 2：我是一个自卑的人。

师：什么情况下或者什么时候，你会觉得自己是一个自卑的人？什么情况下你是自信的？

生 2：考试考不好的时候我很自卑，考好的时候我很自信。

师：你很在意你的成绩，考不好的时候心里不舒服，其他时候都挺自信的，不知道我说对了多少？

生 2：可以这么说吧。

师：现在再来感觉一下，你还觉得自己是一个自卑的人吗？

生 2：只是很少的一些时候吧。

生 3：我是一个脑子比手和嘴快的人。

师：认识到这点对你有什么好处？怎么看待你的这个特点？

生 3：知道自己的不足可以扬长避短，比如和别人吵架，我嘴慢，虽然占不了上风，但脑子里已经把架吵完了。

师：给你一个小小的建议，有好的想法或者有什么灵感时，要及时记录下来，想到什么就要马上行动起来。

生 4：我是一个很丑的人。

师：你对自己的外在形象不太满意，你不喜欢身上的哪个部位？

生 4：我的眼睛太小了。

师：哦，你希望自己的眼睛再大一些，对于其他条件还是可以接纳的。

［设计意图］运用具体化技术，帮助部分对自己消极评价的学生重新客观地认识自己。

五、互动结束（3 分钟）

（教师在白纸上画一个黑点，然后问学生，你看到了什么？）

生 1：黑点。

生 2：白纸上有个黑点。

师：我们的缺点和劣势就如同这张纸上的黑点，如果可以改变，试着看能不能擦掉；如果不能擦掉，在这张带着黑点的白纸上，认真规划，同样能绘出美妙的风景。

师：希望同学们客观认识自己，让自己变得更美好。

教学反思

一、教学心得

反思“我是谁”，借助“猜猜我是谁”的形式，边分享边引导学生思考：如何认识自己？认识自己有什么作用？如何对待自己的缺点？并悄悄地运用具体化技术校正学生暴露出来的不合理的负面自我评价，最后以“白纸＋黑点”的实验，让学生领悟接纳真实的自己。

二、点滴建议

（一）关于“猜猜我是谁”环节

1. 遇到个别同学消极的评价较多时，采访其他同学：“你觉得哪些描述和当事人不相符？你觉得他是一个什么样的人？”

2. 运用多媒体直接展示纸条，可以节约时间，提高效率，时刻抓住学生的注意力，但秩序需要适当掌控。

（二）关于“我是谁”的环节

1. 在纸上快速写下10个特点，缺点在左、优点在右，了解积极与消极的大约比例。

2. 在右边列出你还想要拥有的优点是什么？为了获得这个优点，从现在开始你要怎么做或做些什么？

3. 小组讨论并分享：关注左边，缺点分为可改变的和不可改变的，分别如何对待？

4. 以互动小实验结尾：接纳自己，是为了做一个更好的自己。

（三）关于学生的负面评价

可以让学生进行完形填空，来改变不合理的信念或纠正过于概括的负面评价。

例1. 劣势或缺点（不能改变）——我很丑。

完形句式：

我不满意我的（　　）（某个部位），虽然我的（　　）不好，但是我的（　　）很好。

例2. 劣势或缺点（可以改变）——我学习成绩不好。

完形句式：

到现在为止，因为（　　　），我的某科成绩不好。

当我（　　）的时候（找到可控资源），我就能够提高我的这科成绩。

我要（　　　　）。

例3. 我很自卑。

完形句式：

当我（　　　）的时候，我感到自卑；当我（　　）的时候，我对自己很满意。

第2课　他人眼中的我

◎ 闵宇飞

教学背景 高中学生进入青年期，他们的自我同一性发展进入整合阶段，在关注自我形象和自我评价的同时，更加希望了解他人对自己的评价，并通过两种不同的评价途径形成完整的自我概念。为了帮助学生全面了解自我、合理评价自我、悦纳完整自我，设计了本课。

教学目标

1. 通过别人评价了解自己的优缺点，形成“客观我”的认识。

2. 整合“主观我”和“客观我”，形成更加全面的自我认识。

3. 能够接纳他人对自己的客观评价，并接纳自己的优缺点。

教学重点 让学生了解他人眼中的自我形象，正确认识和接纳自己的优点和缺点。

教学难点 打破学生固有的认识标签，以更加全面合理的方式认识自我。

适合对象 高一至高三年级。

教学时间 40 分钟。

课前准备 若干张 A4 纸。

教学过程

一、热身活动：快乐敲背（3 分钟）

［活动规则］全体学生围坐成一大圈，指定一名学生顺时针按照“A、B”报数。B 带着凳子向后退一步，A 原地不动；B 向右转移动 10 个位置，站定后与里圈

的 A 再组合成一个圆圈。先让 B 给 A 敲背一分钟，然后换过来。

师：通过这个游戏我们感到轻松愉快，同时，我们也会有这样的发现：我们如何对待别人，别人就会反过来如何对待我们。同时我们还会发现：要想了解自己是一个怎样的人，不仅需要自我认识，还需要通过他人的眼睛来认识自己。今天我们的主题是：他人眼中的我。

［设计意图］活跃课堂气氛，引起学生思考，导入主题。

［备注］A、B 报数并移动位置可以打破学生固有的熟人关系，便于在接下来的活动中产生新的发现；如果异性间不好意思敲背，可以让学生就近调换。

二、活动一：镜子游戏（12 分钟）

师：大家平时照镜子吗？现在我们就来做一个镜子游戏。

［活动规则］

1. 发给每人一张 A4 纸，按照刚才两人一小组开展活动。

2. A 先向 B 介绍“自己是一个什么样的人”，B 在 A4 纸上记下 A 所说的特质，时间三分钟。介绍自己时，在说了一个缺点之后，必须说一个优点。

3. 三分钟后，A、B 角色互换。

4. 活动结束，教师请两人取回对方记录的纸张，在背面的右上角签上自己的名字。然后彼此分享做此活动的心得或感受，并讨论：介绍自己的优点和缺点时，哪一个较为困难？为什么会这样？

师：好，讨论先暂停。有没有同学愿意分享一下你们的谈论成果？

生 1：说缺点容易，说优点难，不好意思说自己的优点。

师：是的，我们中国人一向都比较谦虚，你用什么策略来介绍自己的优点？

生 1：随便聊，在聊天中说出自己的优缺点。

师：比较放松的状态。还有哪位同学愿意说说？

生 2：介绍优点比较困难，觉得自己的优点好像不怎么突出吧。

师：你担心自己说的优点得不到他人的认可，说缺点别人要是不认可，自己也就不会感到惶恐，是吧？说说你度过这三分钟的策略。

生 2：少说优点，多说缺点。在说优点时，前面加个“比较”。

师：加上“比较”显得谦虚，对吗？

师：通过这个活动，我发现大家还是比较谦虚的，很多同学都觉得谈自己的缺点要比谈自己的优点更容易。大家手中的 A4 纸上，记录着你们每一个人的特质，虽然是自己的描述，但却是他人的记录，这就像是一面镜子，让你更好地看清自己。

［设计意图］通过自我介绍，他人记录，探索语言背后的自我认知，减少“隐私我”，扩大“公开我”。

三、活动二：“欣赏你”转转转（15 分钟）

师：下面，我们进入第二个活动“‘欣赏你’转转转”，现在请三个两人一小组围坐成一圈形成一个大组，每大组六人。

［活动规则］

1. 每位同学将其签名后的 A4 纸传给右手边的同学。

2. 拿到签名纸的同学根据学习生活中对该同学的观察与了解，在 A4 纸签名的那一面上写下“我欣赏你……，因为……”，内容不许重复。

3. 写完之后依顺序向右传，直到签名纸传回到本人手上为止。

4. 活动结束后，每位同学在小组内阅读自己纸上的内容，并向其他组员分享他看到别人回馈后的感想与收获。

［设计意图］征集他人评价，了解他人眼中的自己，消除“盲目我”，探索“未知我”，扩大“公开我”。

四、分享与总结（10 分钟）

（全体学生围坐成一个大圈。）

师：哪些同学愿意起来向大家分享一下自己的活动收获？

生 1：这个活动使自己更加了解自己了，知道自己在别人心中的形象，让自己有所改进。

师：是的。通过别人的眼睛，看到更加全面的自己，帮助自己向更好的方向发展。

生 2：我更加清楚地知道了自己是一个怎样的人。比如说我是一个直性子，比较外向，我觉得这样挺好。

师：通过了解别人对你的评价，自己变得更加自信了。

生 3：通过活动我不仅了解了自己，也更了解其他同学了，这有利于我们同学关系和谐发展。

师：知己知彼，更好地交往。

生 4：我发现每个同学都是独一无二的，无论优点还是缺点，都是他独特的魅力所在。

师：说得很好。世界上没有相同的两片树叶，更不会有相同的两个人，每一个人都有属于自己的精彩。

生 5：我们自以为是缺点，在别人眼中也许是优点。

师：换个角度看自己，会有意外收获，说得不错。

［活动小结］刚刚大家说得都很好。通过他人的眼睛看自己，我们会更加清晰和全面地了解自我，这会让我们更真实、更自信、更坚定，更能让我们明白自己是什么样的人，想要变成什么样的人。最后，老师有两句话送给大家。第一句话："我能做你做不到的事，你能做我做不到的事，我们一起就可以做伟大的事。"每一个人都不是完美的，我们要接受这样的自己。但当我们成为一个团队，就可以取长补短，变得更优秀。

师：（拿出一百元钱）我这里有一百元钱，大家要不要？

生：（异口同声）要！

师：（把钱揉成一团）现在呢？还要不要？

生：（继续异口同声）还要！

师：（把揉成一团的钱扔在地上踩踩）还要吗？

生：（毫不迟疑）还要！

师：如果我在泥巴里搓搓呢？

生：（大声）要！

师：钱都这么脏了，为什么你们还要？

生 1：它是钱啊！

生 2：有价值！

师：你们说得很对！你们要它，不是因为它脏，也不是因为它是什么样子，而是因为它有价值！对大家来说，你的价值也像这张钱一样，无论是否干净、平整，都一样存在。所以我要送给大家的第二句话是："你的价值已经得到了定位，不要因为别人的几句不好听的评价就忘记自己本身的价值。"

［设计意图］引导学生梳理活动中的感受，总结发言，提升为认知上的变化，进而影响行为。

［结束语］通过这节课，我们看到了他人眼中的自己，更加看清了"我是谁"，希望大家把认识上的触动内化为自己的力量，在以后的生活中合理地接纳自己的优点和缺点，让自己变得越来越好。

教学反思

一、创意亮点

本课依据自我认知的"周哈里窗"为设计模型，通过"镜子游戏""'欣赏你'转转转"活动环节，帮助学生持续扩大你知我知的"开放我"，适当开放我知你不知的"隐私我"，努力减少"你知我不知"的"盲目我"，积极探索"我不知你也不知"的"未知我"，让学生更加深入地了解自我的兴趣、性格、特长和缺点，接纳完整的自己，形成积极的自我评价，提高自我调节的能力。

二、实践反思

这节课的难度在于自我评价的深入程度。多数学生会出于防御而对他人或自己做浅显、表面化的评价。为了突破固有人际关系并引导学生放松下来，设计了"快乐敲背"这个游戏。在游戏中巧妙分组，打破学生固有的人际关系，并通过相互身体接触拉近心理距离，便于自我评价和他人评价过程的开放、顺利。

对学生分享中表达出来的消极评价要及时积极关注，使用“焦点解决”的正面关注，奇迹问句、小步前进的谈话方法，帮助学生发现消极评价背后的积极意义，引导学生树立积极的自我概念。

三、点滴建议

可以在课下给学生布置两种方式的作业。一是根据课堂自我评价和他人评价记录，填写自己的“周哈里窗”，再次将课堂内容升华为认知层面的自我觉察。二是课后画出自画像。

第3课　我的苹果

◎ 孙晓晓

教学背景 埃里克森认为，青春期最重要的任务就是建立自我同一性。自我同一性，是指个体尝试把与自己有关的各方面综合起来，形成一个自己决定的、协调一致的、不同于他人的自我，是对“我是谁”“我将来的发展方向”以及“我如何适应社会”等问题的主观感受和意识。达成自我同一性的人对自己有清晰的认识，能够坦然接受自己的不足和缺点，实现了自我悦纳，对自己的学习、工作和生活有热情的投入，心理安全感较高，社会适应能力较好。

教学目标

1. 让学生认识到正确观察的重要性。
2. 引导学生通过发现苹果的独特性，进而学会发现认识自己的独特性。
3. 帮助学生树立积极自我认同的观念。

教学重点 让学生认识到自己的独一无二。

教学难点 调动学生分享的积极性。

适合对象 高一至高三年级。

教学时间 40 分钟。

课前准备 每人准备一个完整的苹果。

教学过程

一、主题活动：我的苹果（5 分钟）

师：大家都带苹果了吧？有同学问我拿苹果干什么，那大家认为拿苹果干什么呢？

生：吃的，比赛吃的。

师：是的，苹果是可以吃的，但是这节课中的苹果有另外的用处，吃的过程在课后进行。

那么，这节课中苹果的作用是什么呢？让我们拭目以待。

现在给大家三分钟的时间，仔细观察已经和自己相处了一段时间的苹果，待会儿请大家把苹果都集中放在场地中央，看看是否还能找回自己的苹果。请记得规则：

1. 不要在苹果上做记号，更不能咬一口，否则视为违规；

2. 假设现在这个苹果就是你，请你以一个旁观者的视角来观察自己；

3. 领取苹果时要用最有说服力的语言告诉大家这个苹果确实就是你的那个，不能说我有第六感，这就是我的苹果。说服语必须积极正面，有强大的说服力。

大家每个人都是评委，请认真对待，对自己的苹果和大家的苹果负责任。现在请大家以前后排六个人为一个小组，左上角的这位同学负责把大家的苹果收上来。

［设计意图］该活动既是导入也是本节课的核心活动，这种活动形式，既能保证学生的兴趣和参与度，又能通过借物喻人，让学生更自然地分享自己的观点。

二、认领分享（20分钟）

生1：我的苹果上这里有个坑，这边还有一些被我摔过的伤痕。

师：看到了坑和伤痕，或许这些也确实是你认出它的原因，那么还有其他独属于它的优势吗？

生1：（找了一圈）没有了。

师：正好对着我这一面的颜色是特别红的，那一面的颜色有点青，中间是渐变的颜色，这一点你观察到了吗？

生1：看到了，是的！

师：在你看到苹果的坑和伤痕的同时，请一定要再看看，还有哪些独属于它的特点。

生 2：我的苹果看起来很完美，但这里有一个斑点，所以我一眼就能够认出它来，这就是我的苹果。

师：如果你反过来说，虽然苹果上面有个斑点，但是它依然看起来很完美，这样听起来是不是会好一点?

生 3：我的苹果比较小，它的颜色有青有红，而且呈现出一个渐变的状态，看起来特别好看。

师：承认它的小，但是也找到了它独特的颜色渐变。非常棒!

生 4：这个是我的苹果，它左边窄右边宽，上面没有那个柄，平放时看着像是一个平行四边形。

师：观察很到位很仔细，而且能借助外物发挥自己的想象力，这一点就非常棒!

生 5：我的苹果颜色非常红，而且它的底部像是五个花瓣，侧面看着也非常完美。

师：底部像五个花瓣，我们都知道这种苹果的底部大部分都是这样的，那么你还能找到独属于它的优势吗?

生 5：至少这里面没有这个品种，所以我非常肯定这就是我自己的。

师：不错，勇于为自己的行动找理由，这一点我非常欣赏。

生 6：我的苹果颜色非常红，而且这边还有一个独特的人民币的符号￥。

师：观察很仔细哦!

生 7：苹果把儿朝向突出的一边。

生 8：苹果的纹路特别清晰，一眼就能看出来。

生 9：苹果上面有个特殊的月牙形的印记。

生 10：它的颜色很特别，红色和青色之间有个明显的界线，中间不掺杂其他颜色。

生 11：上面有个倾斜的弧度，很像一个躺椅。

生 12：苹果上面有三条交于一点的裂缝，非常清晰。

生 13：苹果像是高昂着头，非常骄傲。

生 14：这里有个黑三角，就像是一个旋涡一样，这也说明我们大家正处于这个旋涡之中，但是一定可以面对困难，解决困难，因为它长成了一个完整的苹果。

师：它给予大家信心和勇气。

生 15：这里有个裂痕，说明它心累了，所以裂开了。

生 16：上面的颜色一条条的，很整齐，特别像刘海。

生 17：这边有三个伤痕，但是仔细看的话特别像一个笑脸。

[特殊情况 1] 有一些刚开始没有找到，最后找到的同学。

生 18：刚开始太多了，眼睛都看花了。

师：那么它的独特之处在哪里呢？你确定这就是你的苹果吗？

生 18：确定，它的底部这里有个斑点，而且上面还有很多褶皱，摸着不光滑。

师：这些特征明显吗？

生 18：自己刚开始太着急了，就想着快点找一个赶紧回去，过来一看有这么多，眼睛都看花了，所以没有找到。现在少了，一眼就看到了！

师：想要快点找一个，不想耽误时间，所以在多的时候就没有挑，直接放弃了，可是现在你再次上来继续挑选，你有什么想法吗？

生 18：其实挺浪费时间的。

师：那么对你有什么启发呢？

生 18：以后做什么事情，不能慌，要慢慢来。

师：不错，慢慢来才能体会到不一样的感受。

[特殊情况 2] 第一次没有找到，第二次依旧没有找到。在身边同学都说“随便拿一个”时，她没有这样做，选择了放弃。

生 19：没有自己的，所以就不找了，况且很多同学都已经吃掉了。

师：那么现在的自己有什么感受呢？

生 19：原本想着找到自己的就好了，毕竟每个人都有自己的苹果，但是没有找到，想着肯定有人拿走了，不过后面想想算了，反正已经没有办法找到了，就算了吧。

师：我看到了你没有找到苹果的失落和看到大家把苹果吃掉的无奈，同时也看到了你寻找自己目标的坚持，为你这份坚持，这个大的苹果送给你！

［特殊情况 3］一直没有上来找苹果，包括最后还剩两个苹果的时候，都没有说这里有自己的，最后还是同桌说他没有选，才无奈上来领取。

生 20：（勉为其难上来）这个小的是我的。

师：可以告诉我为什么没有找自己的苹果吗？

生 20：觉得没什么，最后一个肯定是自己的。

师：虽然咱们同学都很遵守秩序，但是如果有人捣乱，拿走了两个苹果，最后没有剩下的，你该怎么办？

生 20：无所谓啊，就是一个苹果嘛，就当送给他了！

师：或许这个苹果你觉得谁拿走都无所谓，那如果说这是一次机会呢？

生 20：那就要看是什么机会了。

师：一个申请上北大的机会呢？

生 20：（沉默中）

师：你还会等待吗？觉得最后一个名额就是自己的，会有人找到你让你报名吗？

生 20：不会。

师：那么接下来你需要思考一下，面对机会你该如何做？好，很感谢你这么耐心地回答我的问题，非常棒！

三、感悟收获（15 分钟）

师：大家都拿到自己的苹果了。那么大家思考一下，找苹果和我们有什么关系呢？这节课你收获了什么呢？

（小组讨论，每组派一个代表谈自己的感悟和收获。）

生 1：考验自己认真观察的能力。

生 2：苹果是独一无二的，我们每个人也是独一无二的。

生 3：找苹果发现优点和瑕疵，也就是在看待我们自己的时候，要全面认识自己。

生 4：肯定苹果的优点和不足，也就是在肯定我们自己。

生 5：每个人都是不一样的，要在生活中不断地找到自我，同时要肯定自我。

生 6：虽然苹果都是差不多的，但是在每个人的眼中它的价值是不一样的，所以我们要发现自己的价值。

生 7：虽然苹果上面有坑，却也说明了它经历了一些挫折，而它依旧长成了一个完整的苹果，实现了目标，就像我们的人生一样，一定会经历很多的挫折，但是这并不会影响我们的成长，相反会让我们更加努力，追求人生的美好。

生 8：有时候我们思考问题的方式不同，结果也会不一样。

［活动总结］是的，独一无二的苹果，独一无二的你。每个人都是不完美的，要学会换个角度思考，积极看待自己的独一无二。

教学反思

1. 在教学过程中，发现学生普遍会先看到不足之处，需要引导才会发现美好。所以让学生意识到美好与不足并存就可以了，能发现美好才是重点。

2. 尽量人人参与。心理课不仅仅关注积极分子，更要关注那些渴望成长、渴望得到关注的学生，所以要拓宽关注面，想方设法让更多的学生参与，提供机会让他们展示自己。

第4课　共画班级树

◎ 王秋霞

教学背景 归属感指一个人感觉被别人或团体认可与接纳时的一种感受。每个人都希望自己归属于某一个或多个群体，这样可以从中得到温暖，获得帮助和爱，从而消除或减少孤独感和寂寞感，获得安全感。归属感和责任感是相关的，责任感到一定程度就会产生对某个群体的归属感。归属感包括对人、对事、对学校、对班级、对家庭、对自然的归属感。学校归属感是学生对自己所就读的学校在思想上、感情上和心理上的认同和投入，愿意承担作为学校一员的各项责任和义务，并乐于参与学校活动。对班级的归属感也是如此，为了增强班级的凝聚力，提升学生对班级的归属感、责任感，设计了此课。

教学目标

1. 认识个体在集体中的重要性。
2. 提升当众表达的勇气和能力。
3. 感受到对班级的归属感，提升责任感。

教学重点难点 提升班级归属感、责任感。

适合对象 七年级和高一年级（班级组建初期）。

教学时间 40分钟。

课前准备 A4纸，一盒彩笔或蜡笔，课堂记录表。

教学过程

一、热身活动：我是木头人（5 分钟）

［活动规则］听教师指令进行活动。1. 举左手，2. 举右手，3. 抬左腿，4. 抬右腿。教师适时增加难度和频率。出错者要大声报告：“我错了。”其他同学回应：“没关系，继续努力。”

［设计意图］吸引学生注意，启动参与按钮。

二、共画班级树（30 分钟）

师：我们从陌生到熟悉，会有共同的经历，会共同经历许多快乐和烦恼，将在一起度过三年。你们每一个人都是这个班级不可缺少的一分子，无论你在这个班里扮演什么角色，你都会发挥重要的作用。如果用一棵树来比拟我们的班级，你愿意做这棵树上的什么部分？是一片叶子，是最大的果实，还是它脚下的土壤？……今天我们的活动是共同描绘出我们的班级树。

［活动规则］

1. 每人一次机会，挑选喜欢的彩笔，画一个角色，画完后讲解你画的是什么，有何用意。

2. 我画我心，学生按特定顺序活动。班级树的第一笔可毛遂自荐，或者大家推荐。

3. 教师提醒学生：这是心理课，不是为了考查大家的画画水平，而在于你表达了什么，如何表达，是否能够抓住锻炼自己的机会。同时请静静地欣赏这棵树，观察它是怎样在大家的努力下从光秃秃逐渐变得丰富多彩、枝繁叶茂。

生 1：溪水，滋润着整棵树，同时也希望自己像流水一样，向前走，向前看。

生 2：一颗蓝色的果实，希望我们的集体不止一种果实，我也希望自己能与众不同。

生 3：曲折的绿色枝条，如三角函数一样，象征着我们一起从零开始，一起努力提高，虽然有些挫折，枝条弯曲，但我们再次团结起来，那将又是一个新的起点。

生 4：我愿做一棵不起眼的小草，表示我希望平凡地度过高中。

生 5：我愿做一个树洞，树洞之中珍藏着我在 24 班度过的每一天，以及每一份回忆。

生 6：我愿做一只勤劳的蜜蜂，在花丛中采蜜。

生 7：红色的树叶，我的树叶与众不同，象征着我会成为 24 班一道最亮丽的风景线。

生 8：我愿做一节树干，希望在我的树干上长出更多嫩绿的叶子、馨香的花朵和饱满的果实，为整棵大树增添一分美丽。

生 9：在 24 班这一棵大树上，我是一片绿叶，为了这个班级，也为了我自己，这片绿叶会努力，会加油，会成功。

生 10：根系，根系默默无闻，为大树提供水分，我愿默默为 24 班奉献。

生 11：树叶，一片叶子虽微不足道，但无数片叶子才能组成一棵大树，我们是一起的。

…………

师：我愿做一只啄木鸟，保护这棵树免受害虫的侵犯，希望它能健康成长。

［设计意图］ 通过绘画投射，引发学生表达情感。

三、分享感悟（3 分钟）

师：在刚才的活动中，你有何感受？有何发现和收获？

1. 按照思路 A（自愿顺序活动）学生的思考与分享：

生 1：没想到大家对班级有这么多美好的祝福，很感动。

生 2：我没有参与，其实内心也有过挣扎，但是最终还是没有站起来，以后要勇敢一些。

生 3：我没有抓住机会，觉得很可惜，觉得自己不够勇敢，很羡慕那些勇敢的人。

［教师点评］ 刚才的 20 分钟里，每一次作画的机会，就像人生中偶尔降临

的一些机遇，有的人凭着主动、勇敢，幸运地抓住了机遇，有的人因为种种原因放弃了。在以后的生活中，面临类似的情境，减少遗憾便是成功，勇气比智慧更重要。

2. 按照思路 B（座位顺序依次活动）学生的思考与分享：

生 1：每个同学都有为班级奉献的愿望，感觉很温暖，觉得在这个班级很幸福。

生 2：感觉班里的同学都很友善、很可爱，觉得关系更近了。

生 3：这一节课，我收获了许多感动。

［教师点评］付出比索取更有价值，让别人因为你的存在而感到幸福。

［设计意图］引导学生进行回顾与整理。

四、结束语（2 分钟）

这是棵什么树？苹果树还是什么树？为什么每个人的角色不同？因为我们每个人的机会不同、环境不同、喜好不同、习惯不同，最根本的是个性不同。这么多独特的个性，都想在这棵树上快乐成长，前提是我们要相互接纳、尊重、包容。希望我们能够接纳彼此，共同见证班级树的成长，也见证彼此的成长。

教学反思

一、实践心得

本节课适合班级组建初期（建议班级组建后两至四周内），对增加团体凝聚力有着极好的效果，学生人人参与，无论最后班级树样貌如何，他们都会呵护有加，倍加珍惜。

40 分钟的时间稍显紧张，但热身仍然必要，因为它能吸引学生的注意，启动所有人参与的按钮。我在不同班级的实践发现，这节课如果请班主任参与更有凝聚力，而且学生的表现可以为班主任在挑选干部时提供参考。陈晓霞在心理课上的多次出现，不仅拉近了师生距离，也为 20 班的心理课赋予了新的含义，增添了别样的效果。班级树上她画了树根，示范之余，定下基调，增进了师生了解。

关于顺序的两种思路：

思路 A：放大遗憾。20 分钟画班级树。生活中有缺憾是一件正常的事，允许缺憾的存在才是正道。纸上的缺憾恰恰可以留下印记，提醒学生今后珍惜机会，做好自己。20 分钟的作画时间，只能保证一小部分人参与，目的是放大这种遗憾。一棵班级树画成什么样子不重要，重要的是学生在整个过程中经历了什么样的内心活动，受了什么触动，产生了什么决定。

思路 B：放大归属感。30 分钟作画，人人参与。这节课如果放在团体辅导室上，减少了空间距离，没有座位的羁绊，便于走动，就节约了时间；如果再采用轮流依次作画，更是降低了学生不必要的心理内耗，表达的效率会更高。

两种思路和效果评价：

1. 放大遗憾时，能在有限的时间内从大家的参与度和班级树的丰富程度觉察出各班学生归属感的差异。

2. 采用人人依次参与时，减少了等待和犹豫的心理内耗，增加了固定的预期和彼此之间的督促，按座位顺序进行使活动节奏更紧密。

二、点滴建议

关于活动地点和活动顺序：

1. 地点在教室，按座位依次进行活动，因课桌、座位影响，会有部分同学不能够表达。

2. 地点在团体活动室或室外，热身后，按座位顺序依次参与，活动效率极高，能够保证人人参与。

3. 地点在团体活动室或室外，热身后，让学生按照自愿的顺序，一些勇敢的、活跃的学生能够表达自己，而 2 / 3 的学生会留下遗憾。

第5课　尊重生命

◎ 张凯丽

教学背景 世界因生命而精彩，缺乏生命的世界是残缺的世界。但是由于种种原因，漠视生命、浪费生命、践踏生命的现象时有发生。高中是学生走向成年的最后时期，是生命成长的关键期，他们的生命观直接关系到每一个家庭，关系到祖国的未来。因而对高中生进行生命教育，帮助他们树立良好的生命观十分必要。

教学目标

1. 让学生认识到生命的平等和可贵。
2. 帮助学生学会尊重他人的生命和尊严。
3. 帮助学生树立平等的、尊重生命的生命观。

教学重点难点 反思生活中对生命的不恰当行为，从观念上学会尊重生命、关爱生命。

适合对象 七年级至高三年级。

教学时间 40 分钟。

课前准备 一张报纸。

教学过程

一、热身活动：同舟共济（10 分钟）

师：上课前，我想邀请四位同学上来完成一个游戏——《同舟共济》。想参与游戏的同学请上讲台，机会有限啊！四位就可以了。

（学生们稍微观望后，陆续有四人登台。）

师：其他同学，请认真观看。

［游戏规则］地上铺一张报纸，四人同时站到报纸上，且每个人的脚不能踩到地面，保持5秒钟算通过。游戏共三关，第一关，地上平铺一整张报纸；第二关，报纸对折，面积缩小为原来的1/2；第三关，报纸再次对折，面积缩小为原来的1/4。

生：第一关咱们都站上去。

（四位同学双脚站在报纸上坚持了5秒钟，顺利通过，进入第二关。）

生：这一次，咱们每个人只站一只脚，这样就可以了。

（学生试了几次，每次都有人站不稳，东倒西歪，导致四人倒向一边而失败。）

师：（故意干扰）如果你们觉得四个人完成比较困难，我建议你们可以淘汰人员，继续游戏。

生：（没有理会教师的建议）要不咱们搭着肩膀顶着头，这样会稳一点。

（学生抱成一团单脚站立，保持了5秒顺利通过，进入下一关。）

师：（再次干扰）这一关难度更大了，你们还要四个人完成吗？要不要淘汰一个人啊？

生：一定有办法能让四个人一起完成的。

（学生选择两个人站在报纸上背着另外两个人的策略。但由于报纸太小了，男生的脚比较大，还有部分踩在报纸区域外。站在报纸上的两个同学一直站不稳，试了几次都失败了。）

生：（试着调整策略）这样吧，我们踮起脚，背上面的两个人抱在一起来稳定住，我们一起再试试！

（四位学生采取上述方法终于顺利通关，班里响起了热烈的掌声。）

师：这四位同学不抛弃不放弃，完成了游戏，非常棒！如果出于安全考虑，四个人当中必须有一个人要下船，你们会选择谁呢？

生1：小杰，他会游泳。

生2：小豪，因为他最重。

师：小杰，他们选择让你下船，你有什么感受？

小杰：挺难过的，也有一些生气，就因为我会游泳，所以我就得下去吗？

师：小豪，那你呢？

小豪：不开心，但是如果牺牲我能换来他们的安全，那我就下去吧。

师：下面观看的同学，你们又会怎么选呢？

生3：如果是我的话，我觉得抽签最公平，这样大家留下来的概率是一样的，不存在什么争议。

师：大家说得都有道理。试想一下，真的到了关乎生死的时刻，每个人都想活下去，希望被平等对待，生命能得到尊重。所以今天我们就来聊一聊：尊重生命。

［设计意图］借助游戏使学生初步体验生命的重要性。

二、情境设置，深化主题（5分钟）

师：有一天你开车出门，突然发现前方道路上有一条蛇，你会怎么做？大家先思考一下，然后说明原因。

生1：直接开过去，不管它。我很讨厌蛇。

生2：等蛇过去了我再走。虽然不喜欢蛇，但是也没想过要轧死它。

生3：太恶心了，我要换条路走。

师：好，谢谢同学们的真实回答。这是一个真实的事情：有一个教授某天外出旅游，突然发现车前方有一条蛇正在过马路。他的司机想要加大油门轧过去，但是教授却大喊停车，制止了司机的行为。等蛇过去了，他才让司机重新开车。（讲故事的过程中，观察学生的表情，发现他们都很诧异，还有些不理解）司机就像你们一样很纳闷，不理解。教授解释说，那是一条美丽的蛇。

（学生听完解释后，嘘声一片，甚至出现嫌弃的表情。）

师：同学们，我们区分动物的标准很多时候很单一，喜欢的、不喜欢的，能吃的、不能吃的。很少会意识到它是否美丽，尤其是蛇、蜘蛛、蜥蜴之类。我们甚至会忽视它们的生命，忘记了它们一样也拥有平等的生存权利。

（学生若有所思。）

三、故事分享（10 分钟）

师：接下来，我分享几个故事，请你们随时觉察自己的感受。

师：小时候上课时有人起来发言，同桌就偷偷挪了他的凳子，他回答完之后没有任何防备就一屁股坐地上了，惹得周围人哈哈大笑。

生：对，我也摔过呢。男生经常搞这些恶作剧。

师：前段时间就发生了一个类似的事情，不过后果却很严重。一名女生在课堂上回答问题时，同桌搞了一个“恶作剧”。这个男生没有挪她的凳子，也没有绑她的鞋带。同桌做了什么呢？（停顿）他在女生的凳子上垂直放了一支油性笔。（有学生发出惊讶的吸气声）女孩当时没有一点点防备，就直接坐了下去。这个笔尖戳破了她的大腿，因为戳得特别深，笔尖嵌在身体里面，取不出来。由于当地医院医疗水平有限，没办法后来就转到省医院，做了手术才把笔尖取出来。笔尖被取出来时已经变成“V”字形了。

师：大家想到了什么呢？

生 1：很庆幸，还好自己以前的恶作剧没有造成太大的后果。

生 2：上初中的时候，同学们下课会互相推搡玩闹。有一次我不小心把一个同学推倒了，结果他的门牙磕掉了，流了好多血，我当时特别害怕，也很后悔。

师：我们在开玩笑的时候，往往没有考虑那么多，没有想着要故意去伤害谁，但最后却给对方造成了意外的伤害，有的伤害甚至是无法弥补、无法承担的。所以开玩笑要有分寸，不能伤害他人，就是对生命的一种尊重。

（学生点头，若有所思。）

师：好，看到大家意犹未尽，我再讲一个故事。这个故事发生在台湾，主人公叫凯安。他是一个发育迟滞的学生，除了反应有点慢，说话还有点结巴。假如你身边有这样的同学，你会怎么对待他？

生：不知道，也许会取笑他吧。

师：好的，明白。（停顿一下）余老师是中途接手凯安他们班的，她刚开始不知道该怎样对待凯安。于是就像很多班主任一样，把凯安当作班里的客人，不请他回答问题，不检查他的作业，更不会用纪律来约束他。（停顿）你们觉得这样怎么样？

生：没问题呀，很多人都会这么做的。

师：但是后来余老师发现，她对凯安的漠视，引发了其他学生对凯安的肆意欺凌。他们会冲凯安发脾气，模仿他说话，甚至恶意捉弄他。看到这种情况后，余老师决定改变自己对凯安的方式，她想增加凯安在班里的存在感，于是她每次上课都会提问凯安。你们猜，接下来会发生什么？

生：（脸上充满好奇）不知道。

师：凯安第一次被提问时，紧张极了，说话也更结巴了。余老师很有耐心，她认真地鼓励凯安说："凯安，你慢慢来，我等你。"在等待凯安回答的期间，很多同学都在大声地讲话，余老师没有理会这些，依然坚持提问和等待。随着凯安发言次数的增多，同学们在等待期间的议论声变得越来越小，直到最后所有人都能安静下来，一起等待凯安。（停顿）故事发展到这里，你们觉得怎么样？

生：还不错。

师：到了学期末，轮到凯安站在讲台上谈自己的收获，他依然很紧张，面红耳赤地一句话也讲不出来。这个时候，所有人异口同声地对凯安说："凯安，慢慢来，我们等你。"余老师意识到，尊重生命需要以身作则。让生命有尊严、有价值才是对生命最大的尊重。

（学生沉默片刻，爆发起一阵掌声。）

师：这个故事，哪句话触动了你或者让你想到了什么？

生 1：让生命有尊严、有价值才是对生命最大的尊重。

生 2：无论是一株草、一朵花抑或是一条毛毛虫，每一个生命都值得被尊重。

四、交流与分享（15 分钟）

师：今天的课程进行到这里，请大家用一句话来分享一下你的感受、困惑、想法或者收获，可以吗？

生 1：故事真实才会打动人。今天的这些故事让我触动很深，未来还有很多地方需要我去改进。

生 2：凯安的老师每天都提问他是不是一种歧视？

师：我个人认为，歧视与否比较主观，要由凯安来决定。作为老师，我觉得余老师是希望通过这种方式向凯安传递她的尊重，把凯安当作正常人来对待。我觉得是一种关注而非歧视。

生 3：我觉得也许凯安已经习惯了被人漠视，很享受当一个“透明人”，但是余老师总是提问他，他也许会很不自在。

师：谢谢你的分享，你刚才说了，这是你的感觉。至于凯安真实的感觉是什么，我想这需要去问他本人了。

生 4：老师，如果我们等了那条蛇过马路，但是以后它还会碰到别人，也许还是会被轧死啊。那我们做的事情还有什么意义？

师：我希望大家珍爱自己的生命，珍爱他人的生命，但现实中并不是每个人都能做到。这条蛇也许会被别人轧死，但剥夺它性命的人不是我，我尊重了它的生命，这样就好。我没办法去管别人怎么做，那就先做好自己，再慢慢影响他人。

生 5：我想分享一个自己的故事。我有一个表姐，她从出生的时候就被诊断为脑瘫。看起来傻乎乎的，虽然她比我大三岁，但是我从来没觉得她是姐姐。小时候去外婆家，大人们总是要求我去和表姐玩，但是我觉得她是个傻子，就不愿意和她玩，就算和她玩也总会欺负她。大概是我上三年级放暑假时，表姐去河边玩意外溺水而亡，我再也不能和她玩了。但是每每想起之前对她的伤害，我就会很难过，很后悔。所以，老师讲凯安的故事，我最有感受了，像我表姐还有凯安这样的人，平时会有很多人欺负他们，所以你的一点点善意真的会让他们很感动的。

师：谢谢你的勇敢和真诚！看来大家对于这个话题有很多思考和感悟，今天的分享先到这里，如果你还有想要表达的，请在课堂记录表上记录下来。（停顿）今天我想传递的是：无论一株草、一朵花，每一个生命都值得被尊重。我们要尊

重一切生命生存的权利，玩笑有分寸，让生命有足够的尊严。(学生鼓掌)

教学反思

一、创意亮点

1. 热身活动“同舟共济”一直以来都落脚在团队合作上，本节课应用在让学生产生尊重生命的情感体验上，是一个亮点。热身活动不仅要引起学生的兴趣，调动学生参与课程的积极性，同时还要契合课程主题，做好导入工作。既然要讲尊重生命，就需要引发学生的情感体验，不然就会空讲道理，变成说教课。因此，“同舟共济”这个热身活动就很好地发挥了作用。

2. 这节课的另一个亮点是以故事为线索贯穿始终。选择一个你觉得有意义的故事，融入你的情感把它讲出来，听者也更容易全身心融入其中，站在你的角度看问题，自行得出结论。学生在课后给笔者反馈时说：“用故事形式讲出的经验比说教有效得多。”凯安的故事能够引发学生的思考，笔者认为有可能是因为这个故事本身带有的善行色彩，让学生感动和认同，由此他们会去反思自己以往的行为，也会学着去释放善意，尊重生命。

二、实践心得

课前的热身活动很有必要，不能省略。刚开始上这节课时，考虑到内容较多，希望学生可以多一些分享就省掉了热身环节，但是上课效果不佳，学生分享内容有限。课下有学生反馈有点班会课的意味。结合课程内容加入热身活动，调动了学生参与课堂的积极性和热情，成效不错。

上课给学生讲故事的过程中，语调抑扬顿挫，偶尔也要抖个包袱，吊吊学生的胃口，增加趣味性，吸引学生的注意力，也可以增加师生、生生之间的互动，减少说教成分。

三、点滴建议

1. 选择的故事要打动自己，赋予自己的感情和思想，再去打动听众。

2. 讲故事要有技巧，适当增加与学生的互动，唤起他们的情绪体验和类似经历。

第6课　拯救“海神”号

◎ 商林芳

教学背景 为了帮助高三学生缓解和释放压力，改善同学之间的沟通，增进同学之间的了解，促进彼此间的合作，设计了本次室外活动。

教学目标

1. 了解沟通、合作的注意事项，并掌握一定的技巧。

2. 认识到沟通和合作的重要性。

教学重点 尝试用非言语行为进行沟通，并建立规则。

教学难点 与生活联系，认识到沟通和合作的重要性。

适合对象 高三年级。

教学时间 40分钟。

课前准备 通知学生带板凳到户外合适场地。

教学过程

一、热身活动（5分钟）

[活动规则]

根据教师口令，学生快速进行组合。

师：口香糖。

生：粘什么？

师：粘脚后跟。

生：粘几个？

师：粘 4 个。

学生迅速行动，4 个人的脚后跟碰在一起。

…………

几个回合后，最终考虑男女比例，将全班学生分成 2 组，每组人数在 20 人左右。

[设计意图] 通过游戏对学生进行分组，活跃课堂气氛。

二、情境设置（2 分钟）

师：将所有的椅子排成两列，分别是“海神”1 号和“海神”2 号，两列中间距离稍微拉大点。

[情境设置]“海神”号是一艘豪华的远洋游轮，此时我们正航行在北大西洋“平静”的海面上。当我们在茫茫海洋之上尽情地欢歌笑语时，深不可测的海洋却发生了剧烈的地壳运动，从而引发了一场空前的海啸，先前略显平静的海面上陡然掀起一道汹涌的巨浪。高耸的巨浪如野兽般在海上咆哮，并迅速从侧面扑向毫无准备的“海神”号，我们都争先恐后地想要逃命，这个时候“海神”出现了，他告诉我们大家，只要我们能够向他证明我们是团结的，他就会帮我们平息巨浪。

[设计意图] 激发学生好奇心，调动课堂兴趣。

三、活动过程（20 分钟）

[活动规则]“海神”对我们提的要求是，每个小组必须在 20 分钟之内，在不说话的情况下，可以采用各种沟通方式，按照出生日期进行排序。如果有人发出声音，他们整个小组就会被海浪吞没。如果有人在活动过程中掉下了椅子，他就会被大海吞没（坐在地上）。

教师应该注意的是，本次活动中关键的一个地方在于教师给出引导语时并没有明确限定具体的排列规则，因此学生在排队的时候可能会对规则有不同的理解。本次活动设计的目的不在于怎样排队是正确的方式，而在于一个小组内部能否建立起一个被小组成员认可的排队方式。因此在活动进行中，教师不再对排列方式进行任何解释。第二个地方是指导学生先造船。在这个过程中会发现有的同学板凳交错，使得可以站立的空间变大。最后，请所有同学上船，闭口不言。

教师在活动过程中要适时提醒时间，到 20 分钟后，宣布排序活动结束。

活动结束后，每组学生分别报告他们排序的结果，教师发现有些学生是按照从大到小的顺序排列，有些是按照年和月排列，有些是按照年月日排列，有的同学被挤下了船，有的不小心自己掉下船。

［设计意图］通过这个活动，学生学会制定团队规则，加深团结合作意识。

四、讨论与分享（8 分钟）

为了让学生更好地分享活动过程中的感受，更好地理解沟通和如何建立规则，教师可以引导学生讨论以下问题：

师：你们小组是如何讨论并达成一致看法的？

生 1：有个领导统一协调，先确定年，如果是同年，再比较月份，同月的话，就比较日期。

生 2：大家一起伸出手比画出自己的月份，然后按月份先排列，随后按照日期排列。

师：什么原因导致你们失败的？

生 1：自以为完成了排序，没有再检查一遍。

生 2：没有听清楚规则自己跳下椅子的。

生 3：没有踩稳，一不小心就掉到地上了。

［设计意图］学生反思活动过程，思考活动感悟。

五、活动总结（5 分钟）

师：请同学们分享参加这次活动的感受。

生 1：学会准确表达出自己的意思很重要。

生 2：不能急于求成，自以为是，要学会检查。

生 3：需要保持清醒的头脑，理解团体规则。

生 4：大家一起参与活动很有意思。

生 5：我们需要团结，增加对彼此的理解，互相帮助。

生 6：学会关心别人，保护彼此。

生 7：我们需要增加对彼此的了解。

(教师总结时可将同学们的发言重复总结加以强化。)

[设计意图] 体验后分享，升华课堂体验。

教学反思

一、实践心得

1. 户外活动使得同学们参与活动的积极性很高，而且同学们的直观感受很深刻。

2. 在活动开始前将活动规则全部介绍后，未留给学生答疑解惑的时间，导致学生由于对活动规则不清楚而违规。

3. 学生在分享的时候，由于缺少教师的积极引导，比较拘谨。

二、点滴建议

1. 教师介绍完活动规则后，给学生留出时间进行答疑解惑。

2. 活动过程中，每个小组指定观察员，监督各小组是否违规。

3. 活动结束后，教师可先邀请观察员把活动中所观察到的现象说出来，激发其他同学分享。

人际交往与情绪调适

正确认识自己的人际关系状况，积极与老师、父母进行沟通，建立和维护良好的同伴关系，正确对待和异性的交往，把握与异性交往的尺度，知道友谊和爱情的界限。懂得人际间的积极情感反应，进行积极的情绪体验与表达，有效管理情绪。

第7课　我的人际财富

◎ 王秋霞

教学背景 中学生对人际关系比较敏感，良好的人际关系对于他们的健康成长非常重要。如果一个人能够与周围的同学老师建立和谐的关系，就会消除孤独感，产生安全感，保持情绪稳定和平静，否则会感到孤独和压抑，影响学习生活，影响心理健康。辅导中学生人际关系的内容包括正确看待人际关系，建立建设性的人际关系，了解人际交往的规律。人际交往的规律包括人际吸引的规律、印象管理、人际信任、人际距离。另外，还要学习必要的社交技巧，比如如何与人相处、意见沟通、思想变换、协力合作、公平竞争，以及区分责任义务等。

教学目标

1. 认识人际关系的重要性和作用。
2. 觉察自己的人际距离，检视自身的性格品质。
3. 思考受人欢迎的品质，发展和完善自己的社会支持系统。

教学重点 觉察自己的人际距离。

教学难点 检视自身的人格特质，发展受人欢迎的特质，克服不良特质。

教学时间 40 分钟。

课前准备 若干张 A4 纸。

教学过程

一、热身活动：趣味报数（5 分钟）

［活动规则］

1. 从 1 到 60（班里有 60 位同学）呈 S 形大声报数。

2. 逢 7 或 7 的倍数，或包含有 7 的数字的同学，要快速起立，拍手两下，然后坐下，嘴巴不能出声。

3. 出错或慢一拍的同学，大声汇报："对不起，我错了。"其他同学回应："没关系，继续努力。"

［活动点评］包容、支持和鼓励可以维护我们的朋友圈，今天我们就来聊一聊"我的人际财富"。

［设计意图］营造氛围，引出主题。

二、为何要交朋友（5 分钟）

师：问大家一个问题，为什么要交朋友？

生 1：可以一起玩，排解孤独和寂寞；可以分享喜悦，分享悲伤，分享秘密。

生 2：和朋友相视一笑，他就会懂你；如果有事还可以互相帮助、两肋插刀。

生 3：朋友可以带来知识，可以让我开阔眼界。

生 4：这个世界上，有人没学历，有人没金钱，有人没婚姻，有人没孩子，他们很可悲，但我觉得更可悲的是缺少友情，没有志同道合的朋友的人。

三、朋友的类型（2 分钟）

师：我们交到了一些朋友，如果要划分一下类型，你的朋友怎么分类呢？

生 1：学习上互相竞争、互相帮助。

生 2：想去打球时，有同样爱好的。

生 3：有隐私、有烦恼时，可以倾诉的……

师：有句话叫朋友多了路好走，你的朋友究竟是多还是少呢？借助下面的活动，我们来整理一下。

四、人际财富图（27 分钟）

[活动规则]

每人一张 A4 纸，根据规则和示范，绘制自己的人际财富图。

1. 首先在 A4 纸的中央画一个实心圆点代表自己。

2. 以这个圆点为中心，画三个同心圆，代表三种人际财富或者人际圈。同心圆内任意一点到中心的距离表示心理距离。将朋友（不限制年龄）的名字写在图上，名字越靠近中心圆点，表明这个人与你的关系越亲密。

3. 写在最小同心圆内的，属于你的“一级人际财富”。你们彼此相爱，你愿意让对方走进自己心灵的最深处，分享你内心的秘密、痛苦和快乐。这样的人际财富不多，却是你最大的心灵慰藉，也是你生命中最重要的成长力量。

写在第二大同心圆内的人，属于你的“二级人际财富”。你们彼此关心，时常聚在一起聊天玩耍，一起分享快乐，一起努力奋斗。虽然你们之间有些秘密是无法分享的，但这类朋友让你时常感到人生的温暖。

写在最大一个同心圆内的人，属于你的“三级人际财富”。这些朋友，可以是平时见面打个招呼，但是需要帮助时也愿意尽力帮忙的朋友；可以是曾经比较亲密但渐渐疏远，却仍然在你心中占有一席之地的朋友；也可以是平时难得见面，却不会忘记在逢年过节时问候一声的朋友。

写在同心圆外空白处的人，代表你的“潜在人际财富”。尽量搜索你的记忆系统，把那些虽然比较疏远但仍属于你的人际财富的人的名字写下来。

师：绘图完成后，请思考下列问题，2 分钟后进行分享。

1. 你的人际财富圈中都有哪些人？性别比例怎样？绘图前后，有何感悟？

2. 同性交往与异性交往带给你的经验分别是什么？

3. 什么性格品质给你带来这么好的人缘？或者你不太好的人缘是什么原因导致的？

生 1：男∶女 =17 ∶ 39。我比较贴心，关爱别人，关注别人的心理变化、生活细节，我也挺幽默的，相互之间有许多共同点。

生 2：我爱笑，我妈妈说没有人能拒绝你的微笑。我笑点很低，也经常能逗别人笑。当别人向我诉说的时候，我觉得很荣幸，是人家对我的信任，我会认真听他的故事，安慰他。

生 3：绘图之前我觉得自己朋友很多，绘完图后觉得原来自己早在心中对他们有所定位了。

生 4：我男性朋友比较多。和同性交往觉得会比较随意，但是和异性交往，他们一般都比较大方、开朗、不计较，和他们相处让我学到许多东西，对我的性格有帮助。

师：我们需要建立和维持人际关系，也需要几个关系密切的朋友。人际关系过少会导致孤独无助，如果过多，可能因为忙于经营而迷失自我。

师：你的人际关系现状如何？是否合适？

生：虽然我的朋友不多，但是很知心，我比较知足。

师：你认为什么性格品质给你带来了好人缘？或者如果你的人缘不理想是什么原因导致的？你需要继续发扬和改进的地方是什么?

生 1：我总是控制不住自己的情绪，曾经失去了一个最好的朋友。

生 2：初中时，太自我，经常忽略别人的感受，而被周围的朋友渐渐疏远了。

生 3：我的人缘挺好的，同学们说我随和、乐于助人。

［设计意图］引导学生整理自己的人际财富，反思在人际交往中所体现出来的性格特点，澄清需要发扬和改进的性格品质。

五、结束语（1 分钟）

师：今天我们整理了自己的人际财富，有一些思考，无论你需要增加还是缩减其中的人脉，希望大家既能维系足够多的朋友，又能够不为维护人际关系所累。

最后，提醒大家，不要小瞧你身边的任何一个人。

教学反思

一、实践心得

学生可能是第一次对自己的人际关系网进行整理、归类，有人觉得自己的标准和界限很清楚；有人觉得把朋友进行划分有点难度；有人在圈内简单填写了："高中同学、大学同学"，这类学生可能自我防御较强，或者不愿意暴露自己，或者不愿意参与这项活动。

如果能够引起学生对自己人际财富的反思也是一个很好的起点，从当下开始，有整理自己的人脉资源的意识，或增加，或舍弃。

二、点滴建议

1. 适当加上背景音乐，效果会更好。

2. 人际财富圈绘制环节比较费时，有的同学仅仅画了几个同心圆就占用许多时间，有些喧宾夺主了，限制了思考与整理的时间。如果条件允许，教师直接印制一些空白的同心圆图纸，课前下发，省时省力，将精力放在人际关系的思考上。

3. 如果采用投影展示，教师要在学生分享之前，适当引导和铺垫。因为会出现 A 同学把 B 同学列在一级圈内，视为亲密朋友，而 B 同学只把 A 同学列在二级圈内，会引起一些波动，所以分享环节，要么根据学生的意愿适度分享，要么教师做好充分的铺垫后再让学生展示。

第8课　传话与流言

◎ 邢宇航

教学背景 青少年时期正处于一个人个性形成的重要时期，可塑性大，稳定性低，容易受到外界影响。心理学家巴甫洛夫认为，暗示是人类最简单、最典型的条件反射。外界的影响，会让个体对自己形成一些消极的心理暗示，不利于学生的自我认同。青少年在高中阶段，虽然很多方面趋于成人化，但是依然在情绪、言行等方面存在很大波动，尤其容易受到周围环境的影响。高中生很在意外界对自己的看法，而同学之间的“流言蜚语”会对个体的情绪造成较大影响，困扰个体发展，进而影响个体的自我认同。因此，很有必要引导学生正确应对生活中的“流言蜚语”。

教学目标

1. 让学生体验流言是如何产生的。
2. 帮助学生分析流言产生的原因，寻找合理应对流言的方式。
3. 让学生乐观、坦然地面对遇到的流言。

教学重点 引导学生寻找应对流言的方式。

教学难点 引导学生在活动中体验流言并分析流言产生的原因。

适合对象 七年级至高三年级。

教学时间 40 分钟。

课前准备 传话内容：词语、成语、句子。

教学过程

一、导入环节：故事《驴之死》（5 分钟）

驴耕田回来，疲惫不堪地喘着粗气，狗跑过来看它。“唉，老朋友，我实在太累了。”驴诉着苦，“明天我真想歇一天。”

狗告别驴后，在墙角遇到了猫。狗说：“伙计，我刚才去看了驴，这位大哥实在太累了，它说它想歇一天。也难怪，主人给它的活儿太多太重了。”

猫转身对羊说：“驴抱怨主人给它的活儿太多太重，它想歇一天，明天不干活儿了。”

羊对鸡说：“驴不想给主人干活儿了，它抱怨它的活儿太多太重。唉，也不知道别的主人对他的驴是不是好一点儿。”

鸡对猪说：“驴不准备给主人干活儿了，它想去别的主人家看看。也真是，主人对驴一点儿也不心疼，让它干那么多又重又脏的活儿，还用鞭子粗暴地抽打它。”

晚饭前，主妇给猪喂食，猪向前一步，说：“主妇，我向你反映一件事。驴的思想最近很有问题，你得好好教育它，它不愿再给主人干活儿了，它嫌主人给它的活儿太重、太多、太脏、太累。它还说要离开主人，到别的主人那里去。”听了猪的话，晚饭桌上，主妇对主人说：“驴想背叛你，它想换一个主人。背叛是不可饶恕的。”

师：那主人会怎么处置驴呢？

生：杀了它，吃了它，做驴肉火烧。

师：那么驴是怎么死的呢？

生：谣言，抱怨，误交损友。

师：嗯，大家说得很好，驴死于流言。在生活中，你们遇到过这样的情况吗？就是明明自己说了一句很普通的话，经过多人传播后变成了另一句话，变成截然不同的话。

生（异口同声）：有！

师：好,我们今天的主题就是“真相与流言”。（在每个班都会遇到这种情况，当板书写下“真相”后，学生们就会说“真相只有一个”，我会回应“柯南也只有一个”来活跃氛围）接下来，我们先做一个小游戏，传话游戏。

［设计意图］通过这个故事激发学生兴趣的同时，引出本节课的主题。

二、传话游戏（15 分钟）

师：在进行游戏之前，大家再回忆一下我们活动课需要注意的方面。

生：安静，不乱说话，遵守规则。

师：很好，接下来先给大家介绍一下活动规则。

［活动规则］

1. 从前向后依次用语言传递，卡片内容只给第一个人看。

2. 第一个人看完传话内容后，立即口述给第二个人，依次往后用语言传递，最后一个人将自己听到的内容写下来并举手示意。

3. 传话时声音不能过大，只允许传接话的两人听到。

4. 传话人传完话后要面朝前坐好，不得再说话或使用肢体语言。

5. 传话过程中不得重复传话或书写传话内容。

师：接下来我会给每个小组一个卡片，这张卡片只能让第一个人看到，所有小组等我说“开始”后再进行传话。

第一轮传话：

1. 内容：词语。

各组从卡片中随机选取一张，每张卡片只能使用一次。

2. 传话分组进行，不得相互干扰。

3. 最后一个人举手示意后，请他将写下的内容大声念给大家听，然后让该组第一个人验证内容。

（传递过程中，各组秩序不一，但普遍较为活跃，其间也是错误百出，如“薄纸”传为“报纸”，“迸发”传为“爆发”等。）

（在公布结果后学生们会追寻出错原因，并出现相互指责的现象。）

师：刚才有些同学很不服气，那么接下来我们进行第二轮传话，规则和刚才的一样，难度稍稍增加。

第二轮传话：

1. 内容：成语（选择生活中常用的成语，但做适当改动，如“狡兔三菇”）。

2. 规则与第一轮活动相同。

传递过程中出现的问题：

生：坦然自若。（实为“泰然自若”）

第三轮传话：

1. 内容：句子（字数在16个字左右，难度基本相同，可以选择生活常识性内容，但要对内容做一定修改，如卡片内容可以为“好马不吃回头草，因为回头的时候已经没有了”）。

2. 规则与第一轮活动相同。

生：不想当士兵的士兵不是好士兵。（实为“不想当士兵的士兵不是好将军”）

［注意事项］

1. 传话时可能会出现某些学生故意改变传话内容的现象，一般会受到本组其他人的指责，但教师在传话进行时对这一现象不做任何评价。

2. 如果时间允许，某一轮的传话可进行两次。（如“成语”一轮可以让各组进行完一遍后，再换一个成语进行一遍）

［设计意图］让学生通过传话游戏体验生活中流言出现的情况，这种体验会让学生更好地参与本节课主题的思考并进行讨论。

三、小组讨论（18分钟）

师：刚才大家体验了传话游戏，我们发现一个很简单的词语经过多人的转述后就会变成另外一个完全不相干的词语。那么，大家想想我们在平时的学习生活中有没有遇到过类似的情况：自己说了一句话，经过别人转述，再听到后就变成了一句截然不同的话。

生：有！

师：接下来大家先分组回忆一下自己曾经遇到过的一些流言。

（学生分享，老师板书。）

生 1：和女生说句话，传着传着就成了我喜欢那个女生了。

生 2：有个人随便说了句本周要放假，然后传着传着就有人说还会放好多天。

生 3：老师跟自己有些关系，但属于非常远的亲戚，后来自己当上班长后，大家都传言说是靠关系当上的。

师：大家说了很多，那么这些流言产生的原因是什么呢？我们应该如何应对呢？结合我们刚才的活动，给大家5分钟时间小组讨论流言产生的原因，然后分享。

生 1：听得随意，理解不清。

生 2：存在误解与矛盾，故意出错。

生 3：传递者自己进行了加工。

生 4：主观臆测。

生 5：对他人有成见，有好奇心。

师：大家说得都很好，流言产生的原因都被大家说出来了，基本上就是这几点。

1. 故意制造流言或者故意改变别人说话的内容。

2. 对听到的内容断章取义，仅仅听到了别人说话内容的一部分，并且这一部分和说话人要表达的总体意思并不一致，但听话者却把听到的当作说话者要表达的意思给传开了。

3. 惯性思维，自己本来没有听清别人说什么，却把自己听到的加上自己的理解与补充给传了出去。

师：那么我们该如何应对呢？

生 1：不理睬，让流言不攻自破。

生 2：要保持冷静。

生 3：要主动去澄清。

生 4：清者自清，流言止于智者。

生 5：不传播谣言，不轻易相信谣言。

师：大家说得都很好，在我们的生活中难免会遇到一些谣言，只要我们掌握了合理的应对方法，这些对我们来说就不是事儿！

应对方法：

1. 首先要保持冷静，这样才能对遇到的问题进行较为客观的分析。

2. 遇到流言后要自我检查、反省，看看自己是不是有些问题或细节没有注意到，让别人产生了误解。

3. 一些流言可以用解释的方式去澄清，而有些流言就不需要去理睬，让其不攻自破，用事实和时间去证明。

4. 洁身自好，不做流言的传播者，听到流言后让流言止于自己，更不要做流言的制造者。

四、活动小结（2 分钟）

我们不愿遭遇流言，不想去面对那份苦闷和烦恼，但流言并不会因此而远离我们。这就需要我们在面对流言时要学会让自己保持冷静，学会自我反省，经过冷静思考和分析之后，能够解释、澄清的就尽快解释、澄清，不能解释、澄清的要学会“冷处理”，让事实和时间来说明一切。同时在生活中，我们不做流言的制造者和传播者。只要大家从自己做起，从现在做起，共同努力，相信我们身边的流言会越来越少，即使遇到流言我们也能坦然、轻松地面对。

教学反思

一、实践心得

1. 故事导入让学生猜结果能更好地调动学生的积极性，并且顺势点明主题。

2. 通过《驴之死》的故事，学生能够想到平时生活中遇到的一些流言情境，能否直接跳过传话游戏让学生直接分享流言情境进行讨论？但这样又会不会稍显沉闷？

3. 传话游戏时间应该适当控制，以 10 分钟为最佳，这样既能让学生充分体验，又不会占用太长时间。传话路线可以“U”形设计，既能隔离，也能更好地参与。

4. 应提前准备一些生活中会遇到的流言情境，以免学生分享得不全面。

5. 本节的重点在原因、应对两方面，体验固然重要，但要把学生讨论作为主要环节。

二、点滴建议

1. 可以直接用传话游戏既热身又导入，然后将本节主要时间用在分享遇到的流言上，讨论流言产生的原因及应对的方法。

2. 可以让学生以小情景剧的形式展示流言的应对方法。

第9课　增强同理心，让我更懂你

◎ 王秋霞

教学背景 同理心是人际交往的基础，也是个体社会化的一个重要环节。古语“己所不欲，勿施于人”“人同此心，心同此理”说的都是同理心，即“你希望他人怎样对待你，你也要怎样对待他人”。拥有同理心的人，善于体察他人意愿，乐于理解和帮助他人，受到他人的欢迎，也值得他人信任。要建立信任关系，就要在人际交往中逐步体现自己的同理心。这是一个不断深化的过程，你对别人越真诚，越善于倾听、体谅、尊重或宽容，别人也就会对你越真诚、越信任。

教学目标

1. 了解同理心，认识同理心的作用。
2. 辨别生活中的同理心。
3. 培养主动运用同理心的意识。

适合对象 七年级至高三年级。

教学时间 40 分钟。

课前准备 视频《同理心的力量》。

教学过程

一、问题导入：你找谁？（5 分钟）

师：同学们，当你有心事和烦恼的时候，你会选择什么样的人来倾诉？

生：朋友。

师：你愿意找的朋友具备什么样的特点或者条件？

生：愿意倾听，能理解我，值得信任。

师：这些特点和我们今天的话题有关，他们都拥有一颗同理心。今天，我们就来聊一聊关于同理心的话题。

［设计意图］用和学生息息相关的生活问题进行导入，提取出同理心的概念，让学生进行初步感受。

二、初步理解：同理心是什么？（10 分钟）

［多媒体展示］同理心（共情），站在对方的角度，体验和接受他的内心世界，并把这种理解传达给他。

同理心就是我们所说的感同身受、设身处地。为了更好地了解同理心，请大家观看一个视频。

（播放视频。）

师：从刚才的短片中，你对同理心的理解是什么？

生 1：理解对方的情绪，并允许对方表达情绪。

生 2：接纳观点，不要急着下定论，不要急着给建议。

生 3：老师，我们为什么不能直接给建议，那样不更节约时间吗？

师：这个问题问得很好。有这样一个情绪凹槽理论：当一个人在情绪中的时候，他一般是听不进任何建议的。如果一个人带着情绪来向你倾诉时，也许根本不需要你来帮他解决问题，他只是想让你知道“我心情不好，我很难受，希望你理解我的处境”，仅此而已。如果你能了解和接受他的情绪，他的理智很快会自动恢复，会有足够的智慧去解决自己的问题。毕竟只有他本人最了解事情的来龙去脉，他才是解决自己问题的专家。

［设计意图］通过视频，让学生理解同理心对缓解情绪的作用，为下面的讨论分享做好铺垫。

三、联系生活：身边的同理心在哪里？（20 分钟）

师：我们大家来讨论几个问题。

1. 狐狸“掉进洞里”时，有何感受？

生：孤独，伤心，难过，无助，恐惧。

2. 狐狸“掉进洞里”的时候，它的需求是什么？

生：它希望被倾听、被理解，希望有人陪伴，需要安慰。

3. 狐狸会选谁做知心朋友？为什么？

生 1：当然选择熊了。因为熊不仅愿意陪伴他，而且愿意暂时放弃自己的想法去倾听狐狸。而鹿的反应和狐狸根本就不在一个频道上。

师：从哪里看出熊愿意暂时放弃自己的想法的？

生 1：视频中的画面是一种比喻或者象征。我注意到一个细节，熊在遇到狐狸后，把帽子摘了下来，这象征着它放下了自己的主观想法，愿意全身心地倾听。

生 2：熊说的话很少，但是它的倾听与陪伴满足了狐狸的需要。而鹿说的话虽然很多，但听起来却像是嘲讽，反而让人生气。

师：所以，如何反应，需要思考，也需要智慧。

生：我注意到了另一个细节，鹿要么在洞口外边，要么在梯子上，始终离狐狸很远。而熊始终待在狐狸的身边，和它始终“在一起”。

师：嗯，能够给对方带来“在一起”的感觉也很重要。生活中谁曾经给过你“在一起”的感觉呢？你是否因为这种美好而向他表达过感谢呢？

4. 我们身边的“熊”和“鹿”，哪个多？

生：(异口同声)“鹿”多！

师：我听出了大家对“熊”的渴望。你是当“熊”的时候多一些,还是当“鹿”的时候多一些？

生：(笑声一片)

5. 你和“熊”“鹿”之间有过哪些故事？

师：请大家在小组内交流，5 分钟后我们在全班分享。

生 1：老师，我又不知道对方的感受，我怎么知道对他来说，我是“熊”还是“鹿”呢？

师：这是一个很好的问题。在这里我需要澄清一点，我们只是就事论事，不针对任何一个人。讲故事的目的不是表扬谁或批判谁，讲故事的真正价值在于它能帮我们辨别出哪种反应是被需要、被欢迎的，哪种反应是被排斥的。把故事当作一面镜子来进行辨别，并且寻找方向：如何做，才是一只“熊”。

生 2：老师，我其实拥有一颗“熊”的心，但是不知为什么，每次说出来的话却总是“鹿”的语言。

生 3：（紧接着站起来）老师，我就是一只被她伤害过的“狐狸”。

师：当时发生了什么呢？

生 3：有次我考得非常糟糕，我去找她求安慰，她成绩比我好很多，当时她对我说：“没事，反正我才考前 20 名呀。”我觉得她不是在安慰我，而是在嘲讽我。

师：她怎样回应，才可以从“鹿”变成“熊”呢？

生 3：这次没考好，没关系，继续努力，下次争取考好。如果有需要，我可以帮你。

师：你当时需要的是鼓励，对吗？

生 3：是。

生 2（若有所思）：我明白了。

师：关于人的学问，要在人群里学习。抛出自己的困惑，才有可能找到答案，谢谢你们真诚的故事。

生 4：初中时，班主任看不惯我的发型，强行让我换发型，我心情超级不爽。之后遇到一位同学，他说：“我不知道发生了什么事，但是看见你不开心，我也不开心。”

师：然后呢？

生 4：然后我的心情马上就好了，没什么了。

师：看来你遇到了一只“熊”，他的反应化解了你的情绪。

生 5：老师，班里有些同学比较针对我们这些转校生，因为我是转校生，所以有一次他们就在班里嘲讽我，数落我，我当时特别难受，就哭了。后来，一个和我一样的转校生抱着我，轻轻地拍着我的背。虽然我哭得更大声了，但是瞬间觉得自己被治愈了，即便她当时一句话也没说。

师：有些时候，只要情感上能够共鸣就能起到治愈的效果，这也是同理心的一种表现。

［设计意图］引入问题，确保学生先在故事模式下思考与交流，再逐渐过渡到日常生活中来，建立视频故事与日常生活的联系；启发学生寻找生活中的同理心事件，体会被同理的感受，更深入地理解同理心。

四、总结回顾：对同理心的新认识（5 分钟）

［多媒体展示］你对同理心有哪些新的认识和思考？你有哪些新的决定？

师：通过刚才的故事，谁来说一说：当对方带着负面情绪而来时，我们如何回应才能是一只“熊”呢？

生 1：先好好倾听，给对方一个充分表达的机会。

生 2：关心他的感受，倾听他的想法，让他知道，你愿意和他“在一起”。

生 3：关于别人倾诉烦恼，先了解情况，如果他需要，再给出自己的建议。

师：同理心，就是从对方的眼睛里看世界。拥有同理心，让你获得更多信任，赢得更多知心朋友。谢谢今天所有讲故事的人和认真听故事的人。

［设计意图］通过分享与交流，让学生提炼出自己对于同理心的理解和行动方向。

教学反思

一、实践心得

本节课的结构简单、流畅。问题导入后，播放视频，引发讨论，最后让学生从生活中寻找被同理的事件，以讲故事的方式实现了三个目标：1. 分享被同理的经验和感受；2. 以现实事件证明同理心对缓解情绪的作用；3. 指引行动方向：如何做才是具有同理心的回应？

故事是鼓励学生反思、讨论的工具。借用故事引导学生讨论，我采取如下步骤：1. 播放故事视频，吸引注意。2. 抛出问题，确保学生在故事模式下思考。引导他们进入小组讨论环节时，教师要鼓励学生在故事情境下讨论故事中的角色，而不是直接过渡到日常生活中来。3. 联系故事与实际生活事件。将学生的注意力从视频中的故事转移到日常生活，辨别故事与现实生活之间的联系。4. 用真实的故事来验证课堂目标。

让学生理解同理心并有意识地在生活中运用，确实有些难度。我曾经尝试用另一个结构版本来上课。活动设置如下：1. 视频导入，提炼出同理心的概念和关键词；2. 抛出同理心的公式化起始语言；3. 设置情境让学生套用公式进行练习；4. 让学生交流感受及困惑。课堂效果不太稳定，但部分学生能够很快领悟。教师需要应对一些意外生成，如我曾经遇到学生提问：这样说话很别扭，我们为什么不能好好说话？任何时候都需要以这种方式说话吗？对所有人在所有场合都需要这样吗？我们为什么不能直接给出建议，那样不更节约时间吗？这就考验教师的专业素养了。

二、点滴建议

1. 采用灵活多变的方式进行课堂导入。《铁棒和钥匙》的故事有着同样的效果。我曾这样讲解：有一把大而坚固的锁挂在门上，一根铁棒想打开这把锁，费了九牛二虎之力，也没有成功。有人拿来了一把小小的钥匙，把它往锁孔里一插，轻轻一转，便打开了。铁棒生气又纳闷，质问钥匙："你是怎么做到的？"钥匙说："因为我最懂它的心。"让学生比画个"人"字给老师看的"人"字小游戏也非常经典，游戏操作简单、直观。在期末向学生收集"哪些课的内容对你的生活有帮助"时，有学生以"搭个人字"的方式进行反馈，足以证明此游戏或本节课的效果。

2. 运用视频资源，设置恰当的问题供学生思考和讨论。我曾经设置过以下问题：你是怎么理解狐狸"掉进洞里"的？它在什么情况下会"掉进洞里"？熊的做法和狐狸的做法有何不同？怎么才能做一只"熊"？

3. 教师及时跟进与点评也是课堂中的点睛之笔。如，一位学生提到自己被“鹿”伤害了。教师除了关注他的感受，还要引导学生思考：“对方如何回应，才可以从‘鹿’变成‘熊’?”跟进具体事件，让学生更理解同理心，引出更多思考。

第10课　赞美的艺术

◎ 商林芳

教学背景 社会心理学家说，在人们的心灵深处，最渴望他人的赞美。“皮格玛利翁效应”也给我们这样一个启示：赞美、信任和期待具有一种能量，它能改变人的行为。如果在人际交往中人人都乐于赞赏他人，善于夸奖他人的长处，那么，人际交往的愉快度将会大大增加。高中生处于青春期，这个阶段会有认同危机，角色混乱，与他人交往会有取外号、捉弄、嘲笑、讽刺等表现，于是产生了各种各样的人际关系烦恼。学会赞美的艺术，可以改善同学们的人际关系，有益于他们的身心健康，对他们的学习也是一种动力。

教学目标

1. 了解赞美的原则和技巧。
2. 掌握赞美的方法与技巧。
3. 体验赞美，培养积极心态。

教学重点 掌握赞美的方法与技巧。

教学难点 体验赞美，培养积极心态。

适合对象 七年级至高三年级。

教学时间 40 分钟。

课前准备 多媒体课件。

教学过程

一、故事导入：苏轼与佛印的故事（5分钟）

师："大江东去，浪淘尽，千古风流人物。故垒西边，人道是，三国周郎赤壁。"这是谁的作品？

生：苏轼的《念奴娇·赤壁怀古》。

师：苏轼是个大才子，佛印是个高僧，两人经常在一起参禅、打坐。佛印老实，老被苏轼欺负。苏轼有时候占了便宜很高兴，回家就喜欢跟他那个才女妹妹苏小妹说。一天，两人又在一起打坐。苏轼问："你看看我像什么？"佛印说："我看你像尊佛。"苏轼听后大笑，对佛印说："你知道我看你坐在那儿像什么？活像一摊牛粪。"这一次，佛印又吃了哑巴亏。苏轼回家就在苏小妹面前炫耀这件事。苏小妹冷笑一声对哥哥说："就你这个悟性还参禅呢，你知道参禅的人最讲究的是什么？是见心见性，你心中有眼中就有。佛印说看你像尊佛，那说明他心中有尊佛；你说佛印像牛粪，想想你心里有什么吧！"

师：这个故事给了你什么启发呢？

生1：说别人不好就是自己心中有不好的东西。

生2：说话要三思，学会赞美。

师：赞美让你我变得都美好！今天我们就着重讲讲赞美的艺术。

［设计意图］故事导入，吸引学生注意力，引出主题。

二、初步演示（10分钟）

师：首先，我需要两位勇敢的使者，和我一同站在讲台上，享受掌声。你们的任务是，在2分钟内不停地夸对方。这是个难得的展现你个人魅力的机会，也是帮助别人更好地了解你的搭档的机会。

生1：你很健康，你很成熟，你喜欢看书，你长得很高，你很帅，你超级帅帅帅。

生2：你懂得团队合作，很会帮助别人，遇到困难时会一直坚持，很乐观，有礼貌。

师：请观众分别为两位使者打分，满分 100 分，60 分以下为“不及格”，60 ~ 70 分是“一般”，70 ~ 80 分是“比较好”，80 分以上是“优秀”。

师：请问我们的使者，你在这个活动中赞美和被夸的时候分别有什么感受？

生 1：夸他的时候觉得有些词穷。被夸的时候感觉不真实，不符合实际。

生 2：被夸的时候，她说的尽管不完全符合实际，但我依然感觉很开心。夸她的时候也感觉很开心。

师：请同学们根据刚才的演示和我们的经验，总结一下，赞美的时候需要怎样做才能达到效果，让对方欣然接受？

生：具体，符合实际，考虑对方的感受，看着对方，要真诚，适当委婉，注意方式和语气。

师：根据大家刚才的发言，我们将赞美技巧总结为三点，掌握这三点，我相信，你的赞美会收到意想不到的效果。

［设计意图］通过演示，帮助大家直观体验“赞美”，检测自我和他人的赞美水平，思考赞美的技巧。

三、赞美的要点（20 分钟）

师：赞美的黄金原则是“以别人接受为目标”，如果别人不接受，可能还会有副作用。

1. 找到赞美点，有根据地夸（10 分钟）

师：下面我们来一起看看我们济源一中的老师是如何展现赞美艺术的？（展示济源一中某老师的朋友圈，他每天都要点名班级中一位同学，对其具体的优点进行赞美）

师：看了这位老师的朋友圈，你们有什么触动？

生 1：能做他们班的一员真是太幸福了！

生 2：被“翻牌子”的感觉真好！

师：这位老师是怎么做到的呢？

生 1：点名，让同学有种被看见、被关注的感觉。

生 2：夸的地方很具体，让同学们有种“自己是特别的”感觉。

师：两位同学仔细研究了这位老师的赞美艺术，大胆分享了他们的发现，而且说得有理有据。(学生鼓掌)

师：这位老师很生动地为我们呈现了赞美的第一个技巧“找到赞美点，有根据地夸”，现在请同学们思考自己和别人身上有什么可被赞美的地方，你是怎样发现的?

生 1：我同桌说话幽默风趣，和她在一起让人感觉开心。

生 2：小白天天为班级倒垃圾，维持教室后方的干净整洁，默默奉献，有责任感。

2. 发自内心的真诚（5 分钟）

师：一次上课，一个男生说到他欣赏的同性，就点名了班级中的一个同学，他嬉笑着说：“我欣赏他的学习能力。”瞬时，同学哄堂大笑，原来这个男生成绩在班里并不突出。紧接着，他又说：“我欣赏他的帅气，惹人喜欢。”班级又是一片嬉笑声。

师：你们感受到了什么?

生 1：那男生说的是反话。

生 2：有点小恶作剧的感觉。

师：显然这不是真诚的赞美。赞美的第二个技巧就是“发自内心的真诚”。真诚就要真心实意，坦诚相待。真诚的赞美，需要做到以下几点：一是内容真实；二是语言表达从语气、语速上给人好感；三是非言语表达要到位，如眼睛注视方向、身体朝向和姿态等。(老师演绎给学生看)

3. 此时此刻——关注当下（5 分钟）

师：刚才在欣赏济源一中老师朋友圈的赞美艺术时，不知道大家有没有发现，老师特别有心地加上了“时间限定词”。(多媒体课件上红色圈圈展示）这说明，赞美的第三个技巧是什么?

生：时间。

师：你期中考试考了班级第一，数学满分，兴高采烈地去见你爸爸。“爸，看我成绩怎么样?”你爸爸正忙着打麻将或者打电话,“哦哦,不错!”然后过了一星期,你又考试了,成绩退步,他找到你说:“你上次期中考试考第一,很厉害嘛!”你的心理感觉怎样?

生:不高兴。

师:所以赞美的第三个技巧就是“此时此刻——关注当下”。

[设计意图]总结学生发言,讲授赞美原则和技巧,结合身边具体实例,帮助学生理解。

四、实战练习:两人一组(5分钟)

师:请同学们用积极的视角看待自己和身边的人,练习今天学到的三个赞美技巧,说出那些美好,汲取正能量。

(学生练习。)

师:今天这节课,你有什么感受?

生1:赞美的时候,有些难为情,不好说出口。

生2:赞美他人感觉很开心,能够被赞美感觉更开心。

师:希望同学们能够将赞美的技巧内化于心,外化于行,拥有美好的体验,与人为善。下课!

[设计意图]体验“赞美”,巩固“赞美”技巧,帮助学生互相了解,增进情感,愉悦彼此,汲取正能量。

教学反思

一、创意亮点

本节课利用的两个素材“济源一中某老师在朋友圈赞美班级同学”和“某个班级课堂中学生的发言”,真实、接地气又很生动,能激发学生的兴趣,帮助学生更好地体验“赞美艺术”。

二、实践心得

有的同学在讲台上演示时，“赞美”多少会有些中伤、恶搞的意味，被夸的同学很尴尬。遇到这种情况时，有的同学会反击，有的同学会默默无语一笑而过。有位同学在最后的分享环节，做了一件高风亮节的事情，就是把“夸”他的人真诚地夸了一通。事后采访那个“夸奖”他的同学，他说以后会注意自己的说话方式。

在讲赞美的第一个技巧时，老师让同学们寻找自己和他人的赞美点，帮助同学们用积极的视角去关注自己和他人，进而增进同学之间的情谊。

讲第二个技巧“真诚”时，举他们身边实际发生的故事，能够更好地帮助他们审视自我的赞美体验，对他人坦诚相待。

三、点滴建议

在实战演练环节，有的同学依然会恶搞地去赞美，无意中却会伤害到同学，这就会影响两人的感情。所以，在这个过程中老师要在下面走动，多询问、多观察他们的打分和赞美情况，引导学生使用三个技巧以认真的态度体验赞美。

这个环节还可以改成笔头间的赞美。每人一张纸，正面写“因为________，我欣赏自己的___________”，小组同学传递并在背面写上“我欣赏你的___________，因为___________”，然后小组交流。

第11课 学会倾听

◎ 黄谨心

教学背景 青少年的自尊心很强，有强烈的交往需要，但因缺乏沟通技巧而不能很好地与朋友相处；他们不肯轻易向家人吐露思想感情、个人秘密，就会产生难以名状的孤独感，非常需要能够倾听自己心声的人。所以，积极的倾听能够建立和维护良好的人际关系。设身处地、适当回应、不做评判，让其在宽松和信任的氛围中诉说自己的烦恼，倾听本身就具备了助人的效果。本课旨在提高学生的人际沟通技巧——学会倾听。

教学目标

1. 感知倾听对人际交往的影响。
2. 进行倾听方式的内省，学会积极倾听的行为。
3. 体验、感受人际交往中积极倾听方式带来的感受。

教学重点 掌握倾听的技巧，进行恰当回应。

教学难点 培养倾听的意识和习惯。

课前准备 简要心理剧本，课前找两位学生准备角色扮演。

教学时间 40 分钟。

教学过程

一、热身活动：新流言蜚语（10 分钟）

［问题导入］今天我们交流的话题是“学会倾听”。只要听力没有障碍，倾听谁不会，还要学习？你何时需要一个倾听者？你何时需要做一个倾听者？

［活动规则］

1. 按座位顺序进行一对一的单向传话游戏。

2. 发给每组第一位同学一张字条。第一个学生看完后，迅速将这句话悄悄依次往后传。

3. 最后一名同学将听到的内容写下来。

多媒体课件展示纸条原文：

1. 今天是星期三，英语老师宣布星期五下午进行语文测验。

2. 大良赶着一群狼，半路上遇到一只羊，后面还跟着一只狐狸。

3. 下午告诉班长，通知全班同学明天上午 9：00 到阶梯教室排练节目。

请最后一名学生公布听到的内容。

［思考并分享］

师：语言在传递过程中出现了什么现象？简单的一句话传到最后，为什么意思可能会相差很远？游戏中，你体会到了什么？有效沟通需要什么？

生 1：整个句子在传递的过程中出现删减，意思扭曲甚至完全相反。原因是没有听清，或者听清了传达时更换了一个近义词。

生 2：或许因为觉得前一位同学传的话有问题自己进行了主观纠正，而没有做到客观传达。

生 3：生活中也是如此，人传人，话传话，意思可能会和最初大不相同，一些误会或者流言就是这样产生的。要想有效沟通，需要说话的人准确地表达，听的人除了认真听以外，最好能求证一下。

［教师点评］人际沟通是一个双向过程。有时候你所表达的不一定被别人理解，你所听到的未必是别人想表达的。准确表达、用心聆听、思考质疑、澄清确定是有效沟通的基本要素。一切沟通都是从倾听开始的。

［设计意图］让学生初步体验倾听的重要性和难度。

二、心理剧表演（9 分钟）

小 A 一副愁眉苦脸的样子，沮丧地走着，碰到小 C，上前诉苦：我最近好烦呀，英语考试没及格，被老师批评了一顿，又被老爸骂了一通，而且……

限定情境：小 C 在消极倾听。

小 A 的扮演者谈刚才的感受：我认为他没有好好听，感觉我没有受到重视，以后再也不会信任小 C 了，我的感受是失望、伤心、愤怒。

（一）反思：你是一个好的听众吗？你是否有过打岔、走神、以自我为中心、貌似在听、心不在焉、一心多用、没有耐心、急于回答或反应等现象，当时对方的感受会是什么？

生：反正某某（同学名字）不是一个好的听众，我上周有事找她帮忙，我的话都没有说完，她就拒绝我了。

师：那么，怎么做才是好的听众？良好的倾听有哪些表现？

（二）分组讨论：什么才是良好的倾听表现？

生 1：停下做的事，看着他，专心听他说，让人家把话说完。

生 2：适当给他一些安慰动作，比如拍拍肩膀什么的。

生 3：表情要有变化，但不能太夸张。

［教师总结］

1. 姿势：面向对方，保持目光接触，身体适当前倾，适当反馈。保持开放的姿势，避免双手交叉在胸前，表达对对方话题的接纳态度等。

2. 语言表达：适当回应，必要时进行询问和核对，适当表达对对方的理解等。

有一句顺口溜这样说：“倾听的时候要做到：眼睛忽高忽低，嘴巴嗯啊不停，身体前仰后合。”

［设计意图］ 通过情景剧，让学生了解消极倾听带给当事人的感受，以及消极倾听的影响，从而分析积极倾听的特点。

三、倾听练习（15 分钟）

当你的朋友向你倾诉烦恼时，如何说才能让他感受到你在认真听他说，并理解了他的意思？简要说明你这样选择的理由。

练习 1：期中考试成绩下来了，我又没考好。我不敢告诉父母，为了供我上学他们已经很辛苦了，我不想让他们知道。每天一睁开眼，我都鼓励自己要好好学习，但是感觉压力很大，要考上一本好难呀！

a．你要想开一点，面包会有的，只要努力一定能考上。

b．你不用太悲观，这次好多人都没考好。

c．你应该告诉你的父母，他们也许能帮助你，和你一起想办法。

d．你不敢把这件事情告诉父母，怕他们担心。可是你的压力也非常大，不知道自己一个人是否能扛得过去。

生 1：选 a，想给他一些鼓励。

生 2：选 b（较多），想先安慰一下他，让他心里好受些。

生 3：选 c，我觉得应该把实际情况让父母知道，不要背负太大的压力。

生 4：选 d（很少），是因为直觉。

师：刚才大家的选择都有各自的道理，假如是你在倾诉，你是想从对方那里获得帮助还是什么？

生：可能只是想倾诉一下而已。

师：很多人都有好为人师的倾向，误以为朋友向自己倾诉就是需要自己帮他出主意，因此在沟通时急于用自己的感受代替别人的感受，急于表达自己的意见或提出劝告。事实上只有倾诉者才最清楚自己需要什么，才能为自己的行为做选择。他通过倾诉，希望寻求关心、理解和支持，而“意译法”恰好可以满足对方的这种心理需求。因此，把对方所说的意思简要地反馈给对方，是最简单又十分有效的人际沟通小窍门。

练习 2：我最近倒霉透了，谈了两年多的女朋友居然把我给甩了。唉，我真想一死了之！

生 1：为了失恋去死，不值得！

生 2：分手了，难受是难免的。如果需要，我随时都在。

生 3：谈了两年的女朋友居然和你分手了，你无法接受这个事实。

师：大家喜欢哪种回应？

生：后两种。第一种没说到点上，人家并不是真的想死。

师：看来，大部分同学已经掌握了倾听的技巧，并能够恰当地回应。

［设计意图］提供现实情境，让学生练习积极倾听，并尝试恰当回应。

四、回顾与分享（5 分钟）

师：根据大家以前的经历和今天的交流，关于倾听和回应，你有什么困惑或者收获？

学生分享。

五、结束（1 分钟）

当别人倾诉时，先静静地听，让对方感觉到你在听，而且你理解了他的意思和心情。再根据对方的需要，决定是否提供你的帮助。

教学反思

一、实践心得

热身环节的“新流言蜚语”，让大家轻松地看到语言在传递过程中出现的明显删减、改变或扭曲，轻松地理解流言蜚语是怎么产生的。

二、点滴建议

可以让学生拿出自己被充分倾听的经历和没有被充分倾听的经历进行比较，更为接地气，当然对老师也更具有挑战性。

第12课　有话好好说

◎ 王秋霞

教学背景 语言是人际交流中最重要的媒介。师生之间、生生之间、亲子之间，在生活中经常使用如玩笑、辱骂、嘲笑、指责、评价之类的负面语言，引起冲突，破坏关系，也影响到了学生的自我认同。而正面的言语，如肯定、鼓励，不仅能够帮助学生建立和维持良好的人际关系，而且能够帮助学生增强自尊心和自信心。

教学目标

1. 认识负面语言在人际交往中的破坏作用。
2. 培养使用正面语言表达的意识，学会正面表达。
3. 理性地应对他人不中听的语言。

教学重点 培养使用正面语言表达的意识。

教学难点 理性应对他人不中听的语言。

适合对象 七年级到高三年级。

教学时间 40 分钟。

课前准备 提前布置任务清单，让学生思考并填写前三步。

请你回忆生活中那些不中听的、激怒你的话，并将其写在便利贴上。

1. 当时的语境是______________。
2. 他／她（师、父、母、同学）说：______________。
3. 你的心情是______________。
4. 你的解读是______________(怀疑、命令、批评……)。

5. 他／她可能想表达的意思是_____________。
6. 你期待他／她当时怎么说：_____________。

教学过程

师：良言一句三冬暖，恶语伤人六月寒。我们今天来聊一聊语言的温度。为了顺利地讨论，我们做一个约定，用 −40℃至 40℃的区间，来表示语言带给我们的主观感受。0℃以上代表给人支持的、安慰的、暖心的、喜欢听的话，0℃以下代表让人伤心、难过、生气、心寒的、不喜欢听的话。

一、故事欣赏（5 分钟）

师：请欣赏绘本故事《是蜗牛开始的》，并感受其中语言的温度。

（教师一边播放多媒体课件《是蜗牛开始的》，一边询问故事中语言的温度，和学生互动。）

师：大家刚才的反应，说明我们对每句话的感受存在着差异。这个故事给我们什么启示呢？

生 1：射出去伤人的箭，一定会伤到自己。

生 2：苍天饶过谁？

［设计意图］用绘本进行导入，为之后的讨论做好铺垫。

二、生活大搜索（3 分钟）

师：现实生活中，你听过哪些不中听或激怒你的话？小组成员交流任务清单后，选择一些典型的话语粘贴在黑板上。

（学生行动。）

师：这些话，都是不中听的、具有破坏性的，或者需要避免、需要改进的，说了会伤人伤己。

［设计意图］让学生搜集不中听的话，辨别并分类；张贴在黑板上，意味着公开分享的可能，为教师挑选情境进行了初步的筛选。

三、故事新编（10 分钟）

师：如果时光倒流，回到那个时刻，这些话怎么说会更好、更安全呢？

我们用绘本中的故事来练习一下。看看怎么说，既能表达你的本意，又不伤害对方，让人觉得至少在 0℃以上。（学生讨论 3 分钟，教师快速浏览小纸条，挑选合适的素材备用）

［学生练习］

蜗牛：二师兄，你好肥哦，可是你的腿竟然没有被压垮耶！

生：真羡慕你有 4 条腿，它们这么健硕，能够托着你丰满的身体，自由地走动。

生：你的腿真健硕，可以支撑你壮实的身躯。

猪：你这个胆小鬼！

生 1：刚刚好险呀，幸亏你机警，才躲过一劫，要是换成我就没那么幸运了。

生 2：大难不死，必有后福。

兔子：马屁虫，就知道讨好主人！

生：你对主人忠心耿耿，把自己都累成这样了。

狗：织的什么破网，风一吹就破了……

生：每天都能看见你在劳动，你织的网真好，要是再结实一点就更好了。

蜘蛛：你这呆头鹅，笨死了！

生：大哥，萌萌哒。

白鹅：慢吞吞的家伙，你最好离葡萄架远一点……

生 1：不着急，慢慢来，等你爬到架顶的时候，葡萄刚好成熟就可以吃了。

生 2：亲爱的，不要那么辛苦，低处的葡萄味道也不错哟。

［设计意图］让学生根据情境修改语言。体会有话可以好好说，同样的意思可以用不同方式来表达，说话是需要三思、需要练习的。同时，为下一步修改小纸条上的内容做铺垫，针对低年级同学，此环节也可以省去，把重点放在如何直接应对不中听的话上。

四、生活反观（10 分钟）

师：接下来，我们随机选取两张纸条进行探讨，无关对错，看看大家能有什么发现。

教师读生 1 的纸条（经生 1 同意）：当我向妈妈提出建议时，她总是说“你管我呢!”我很生气。（−30℃）

师：你当时听到这句话时，你接收到的妈妈传达的信号是什么？你是怎么解读的？

生 1：她在拒绝我，不把我当回事。

师：你当时什么需要没有被满足？

生 1：被重视。

师：你需要被重视，那你猜，妈妈说“你管我呢”，她还有可能是在表达什么意思？

生 1：她可能不想让我分心，想让我专心学习。或者妈妈觉得我不了解情况，她有自己的想法。

师：这些潜台词需要你去跟妈妈核实。假如你核实过了，就是这些原因，你的心情会是怎样？

生 1：会舒服一点，−10℃。

师：你期待她当时怎么说？

生 1：无论她接不接受我的意见，只要说一声“知道了”就行。

师：所以，你接下来的决定是什么？

生 1：再遇到这种情况，直接告诉妈妈我的这种感觉和我的希望。

师：把你的感受和期待反馈给妈妈。

教师读生 2 的纸条（经生 2 同意）：我成绩不太好，不喜欢同学 A 对我说的那句话：“你别做题了，反正做了也不会。”我也只能生闷气。（−40℃）

师：你怎么看待她说的这句话？

生 2：我觉得她瞧不起我。

师：如果真的是那样，是她在故意贬低你，那个时候，你真正的需要是什么？

生 2：认可和鼓励。

师：如果她暂时还不能给你这些认可和鼓励，你希望或者还可以从谁那里得到？

生 2：妈妈。

师：事情发生的当下，如果没有人能给你鼓励，别忘了，你自己完全可以的。你觉得呢？

生 2：嗯。

师：刚才两个同学的展示提醒我们，在听到了不中听的话之后，除了生闷气、发脾气，我们还有别的选择：1. 重新解读，达成谅解；2. 仍有情绪，恰当表达自己的期待和需要；3. 觉察自己的需要，恰当满足。

［设计意图］ 提供机会，让当事人倾听彼此的内心世界，了解听到难听话之后的多个选择。

五、拓展延伸（备用）（12 分钟）

当我们听到不中听的话后，如何选择？

情境：当某位同事对“我”说“你脑子坏掉了”的时候，当时的“我”很生气。

借用生 1 和生 2 分别代表当时的我和同事的行为，摆出手叉腰指责的姿态。

分析两人的内在冰山：（见表格）

	我		同　事	
行为	生1	被指责的，生闷气	生2	被安排工作后，很生气，指责“你脑子坏掉了”
想法	生3	这项工作让我压力很大，条件不允许，我满足不了所有人的期待	生4	年龄大了，我应该休息一下，应该被体谅。我提出的请求应该被满足。我不得不去执行这项任务。我多可怜
感受	生5	委屈，无奈，为难	生6	愤怒，伤心、无奈
期待	生7	自己的辛苦能被看见	生8	做些轻松些的工作
需要	生9	尊重、理解	生10	关心、照顾，体谅

分析完内在冰山之后，再借用4个学生依次代表同事的想法、感受、期待、需要。最后借用4个学生依次代表“我”的想法、感受、期待、需要。

之后，分别询问代表“同事”和“我”的学生：“如果看到了这些，你的感受会有什么变化?”

生1（同事代表）：不那么生气了，可能还会理解你。（放下指责的手）

生2（我的代表）：委屈少一些，反过来会同情这位同事。（放下指责的手）

师：如果当时的我能够看到这些，听到他指责“你脑子坏掉了”，我会这样对他说：“我知道你年纪大了，想做些轻松的工作，你的心情我能理解，不满足你让你很生气，满足你我实在为难，所以很抱歉。”

除了我们表面看见的和听见的，试着去觉察一下对方的内心世界，我们会增添更多的包容和理解，爱的联结就会被看见。即使你听到了难听的话，你依然可以做到有话好好说。

［设计意图］教师自我暴露，借用学生代表呈现萨提亚的冰山隐喻，向学生进行示范听到不中听的话时，仍然可以做到理解对方，并好好说话。

六、结束语（5分钟）

我们每天都在说话，也在听别人说话，所以我在这里发出倡议：

如果你是说话的人，因为言语有温度，所以请有话好好说；

如果你是听话的人，觉察一下彼此的内心世界，依然能够好好说话。

教学反思

一、实践心得

这节课暴露了许多来自教师、父母的不中听的话，他们虽是无心之举，但也着实伤人，否则不会被学生记住。部分来自老师的话有：这个题讲过了，还不会？你在干什么，这都不会！答题卡放在地上踩踩，都比你得的分多！你还有退步的空间吗？……这些语言带给学生的温感极低，学生感受到的是嘲讽、贬低、侮辱、打击、伤自尊。来自父母的话有：最近成绩一直退步，是不是谈恋爱了？看这些书（文学类课外书）有啥用，去学习吧。一回来就拿手机，就不能看会儿书?! 明明就是你……我不管怎么样，都是为了你好。从此以后，再也不管你的事了。……这类的语言带给学生的感受是冤枉、命令、推卸、威胁。

这节课考验教师的素质，因为要营造恰当的气氛，调动学生自我暴露的意愿和勇气。如果现场抽取的例子比较隐私，遭到学生拒绝，学生不愿公开探讨自己的情境，允许和尊重学生的当下感受。

二、点滴建议

1. 可以充分利用任务清单，给出时间补充，梳理后面的几点内容，再让学生分享前后的变化。

2.“故事新编”环节，只需要选择其中两三个情境，因为这只是一个铺垫的练习，不是重点，无须在此耗费过多时间。

3. 绘本《是从蜗牛开始的》可以朝不同的方向挖掘,设计不同的话题。比如：情绪如何传递与表达？如何赞美与肯定？如何对待他们的负面情绪？……根据不同的方向，可以进行目标再设计。

4. 第六个环节可以灵活取舍。如果现场没有同学愿意暴露，教师可以用自己的事例来直观呈现“双人冰山”，所选事例要典型且提前剖析。如果你了解萨提亚的冰山隐喻，最后的延伸环节就容易理解。如果你不太了解，还可以运用故事讲解，向学生传递一个理念：觉察彼此的内心世界，能带来包容和理解。即使听到了难听的话，依然可以有话好好说。

第13课　朋友不是玻璃做的

——学会拒绝

◎ 王秋霞

教学背景 人的社交成熟度判断标准：1. 能否自若地对他人说“不”；2. 能否主动要求他人协助自己；3. 能否接受他人的拒绝。在日常教学和心理辅导工作中，求助学生经常涉及人际交往方面的问题，很多学生在面对他人提出的不合理要求时，感到纠结和为难，碍于情面不好说出口，缺乏有效的拒绝技巧。能够说“不”和能够接受拒绝，都是需要自信和勇气的。基于此种情况我设计了本节课。

教学目标

1. 认识拒绝的重要性，及需要拒绝的场合。
2. 了解拒绝的策略和技巧，提升拒绝的勇气和能力。
3. 以正确态度对待拒绝与被拒绝。

教学重点 了解拒绝的策略和方法。

教学难点 提升拒绝的勇气和能力。

适合对象 小学高年级至高三年级。

课前准备 若干抽签情境纸条。

教学时间 40分钟。

教学过程

一、现场小调查（7分钟）

师：我们在生活中碰到不情愿的事情时，第一反应就是想要拒绝，但是拒绝对于在座的同学来说，难度指数是不一样的，你的难度指数是多少呢？

假如 1 ～ 5 分，分别表示容易、较难、难、很难、非常难，你的拒绝难度指数是多少？请用你的手指表示你的分数。

我来采访一个难度系数为 5 的学生：难以拒绝的事情有哪些呢？

生 1：我买东西时好朋友也要我给她买。周末，自己很困，同学让我陪着去散步。朋友借东西时，因爱面子不能拒绝。

（教师板书：一起买东西，周末陪散步，借东西）

师：（采访一个难度系数为 1 的学生 2）你能否为她指点迷津？

生 2：下次不理她，直接拒绝就行了。

师：（询问大家）想要拒绝时，为何我们难以开口？如果说不，会有哪些不好的后果？

生：（七嘴八舌）怕别人再也不来找自己了，怕别人多想，对自己印象不好，说自己小气、不够意思，担心关系受影响，自己会内疚，面子上过不去。

师：（走到生 1 面前）我想喝绿茶，你可不可以现在去商店给我买一瓶？

生 1：可以！

师：你带钱了吗？

生 1：没有，但我可以借！

师：假如你现在拒绝买绿茶给我，你觉得你是在拒绝我这个人呢，还是在拒绝这件事？

生 1：这件事！

师：如果因为拒绝一件事就失去了一个朋友，那么，拒绝是鉴定真心朋友的法宝。真正的朋友能换位思考，体谅你的难处和感受。总是委曲求全，会让人觉得你没有原则，可能会变本加厉提出更多不合理的要求。

师：（走到生 2 面前）你钥匙链上这个小熊真可爱，送给我好吗？

生 2：不行，这是我新买的！

师：（面对大家）生硬的拒绝让人尴尬，讲究技巧的拒绝会让人更容易接受，甚至心存感激。

［设计意图］通过调查，筛选出目标学生和问题情境，现场进行互动，进行初步分析、引导。

二、何时应该拒绝（5 分钟）

师：什么情况下，对于别人的请求，我们应该拒绝？

生：（七嘴八舌）违法的事，不愿意做的事，超出能力的事……

［多媒体展示］时间不允许、利益或财产受损、违法、不合理、违背原则、违背自己的意愿、超出能力和那些不合理的批评，我们都有权利拒绝。

师：我们不是超人，也不想做好好先生。有人说，道理我都懂，但是脸皮太薄，面子上过不去。那么厚脸皮是怎么来的？

生 3：磨出来的。

生 4：照镜子照出来的。没有足够自信的人是不敢照镜子的，照镜子会让人更自信。

生 5：有个难堪练习法，就是当众做一些难堪的事、好笑的事。什么事让你难堪，就练习这件事，而且是在熟人多的地方。

师：好，我们找一位自认为脸皮薄的人来练习一下，检验这个方法是否有效。

李世峰（学生）：李世峰，你是最棒的！李世峰，你是最棒的！嗯，效果还不错。

［设计意图］共同分析，明确应该拒绝的情境。

三、拒绝的策略和注意事项（5 分钟）

师：好，厚脸皮有了。怎么拒绝才合适？有什么好方法吗？毕竟大家处于一个屋檐下，还会见面的。我们先来看看一些名人是如何做的。

故事一：罗斯福曾在海军担任要职。一天，好友向他打听关于潜艇基地的计划。罗斯福向四周看了看，压低声音问：“你能保守秘密吗？”对方答：“当然能。”罗斯福微笑着说：“那么，我也能。”

师：这是什么方法？

生：幽默，以其人之道还治其人之身。

故事二：冯骥才在美国访问时，一个美国朋友带着儿子到公寓看他。谈话期间，这个孩子爬到冯骥才的床上，站在上面拼命蹦跳，犹如地震一般。见此情景，冯骥才皱了皱眉头对朋友说："我们还是请你的儿子回到地球上来吧!"

师：这又是什么方法?

生：委婉。

故事三：卡耐基在拒绝一次演讲邀请时，说："很遗憾，我实在排不出时间来。"接着，他又推荐说："约翰先生讲得很好，说不定比我更合适!"

生：解释理由、补偿性的建议。

（教师将关键词板书在黑板上：幽默、委婉、解释理由、补偿性的建议。）

师：（手指板书：一起买东西，周末陪散步，借东西）如果要解决刚才生 1 的困难，大家还有什么策略?

生 6：延迟满足。如有同学让我买零食，我会说："这周钱不够了，下周吧。"

师：到了下周怎么办?

生 6：那就再往后推，一直推下去。

生 7：如果困时被要求陪散步，我会这样说："我很想和你一起去，但是我现在很困，很想好好睡一觉。"这个方法叫先表示顺从再委婉拒绝。

师：这是先肯定后否定。我这里有个"破唱片"法，像播放破损的唱片时总在一个地方重复，以坚定的态度不断重复你的决定。假如有个推销员向你推销洗发水，无论他说什么，不用和他争辩，只是重复：对不起，我不需要；对不起，我不需要。

还有个雾障法：当别人批评你时，你可以不加反驳，含糊其词地附和。最锋利的剑也砍不破雾障，这种方法就是让你变成一团雾，从而使无理批评无法奏效。

总之，想要拒绝时，方法总比问题多。

师：那么，有了方法，拒绝别人时，要注意什么?

生 8：态度委婉、明确，以免误会。

生 9：如果事情太突然，出乎意料，来不及思考，先不要回答，给自己一些考虑时间。

生 10：遇到大的事情，最好先了解清楚情况，询问更多信息，再做决定。

师：同学们考虑得很细。我提醒一点，如果你一旦说了“不”，就尽快离开，别在原地给人家机会，让他来改变你的想法。或者你换个话题，或者继续做你原来的事情，明确暗示对方：之前的话题已经结束。当然拒绝或被拒绝之后，要明白拒绝是对事不对人，无须内疚。为自己的决定负责，不要责怪提要求的人。

［设计意图］和学生共同探讨拒绝的策略和注意事项，教师将关键词进行板书，并根据情况适当补充。

四、实战演练（20 分钟）

小组根据抽签情景，集思广益，找到三种拒绝方法，5 分钟后以表演的形式呈现出来，每个办法用一个词概括。每组限定表演时间 2 分钟。

1.C 向 A 借了几次钱，未还，现在他又开口了……

生 1：100 元没有，1 元够吗？——委婉。

生 2：对不起我没钱，要不你找别人问问？——转移目标。

2. 期末考试，C 想让 A 给他传答案。

生 1：你知道我是一个讲原则的人，咱们认识这么久了，我一直都很有原则。——解释理由。

生 2：如果我答应你,其实是在害你,会助长你的虚荣心和坐享其成的坏习惯，要不现在你哪些题不会，我给你讲讲吧。——转移话题。

生 3：这次考试不行，不过高考的时候，我一定给你传。——善意的诺言。

3.C 给 A 写了一封情书……

生 1：可以这样回信：谢谢你对我的关注，但是我现在还不想考虑这个问题，待我长发及腰，我们都考上了大学，如果你的这份情感不变，我再给你一个答复。——延迟答复。

生 2：直接扔给他。——直接拒绝。

生 3：你有这个想法是不对的。现在我们的主要任务是学习，如果你现在就想谈感情，会耗费时间、精力，而且如果老师、家人知道了会……——讲大道理，以理服人。

生 4：你很优秀，但是我觉得你应该找一个更优秀的人。——委婉。

师：被人欣赏是好事，每个人都有欣赏的权利，你可以不接受他的感情，但要尊重人家的权利。

4. 公共汽车上（或其他场合）遭遇性骚扰……

生 1：（表演）两男生举起右手做拉扶手状，C 向 A 身上贴，并开始动手，A 选择躲避。——逃离现场。

生 2：（转过身来，眼睛直视）你有病吧！——直接反击。

生 3：（向另外一个男生）帅哥，能帮我一个忙吗？——寻求帮助。

师：如果将来遇到了这种情况，你越是胆小害怕，越是容忍，对方则会越猖狂。当然也要根据情况灵活应对，讲究技巧。

5.C 向 A 递了一根烟……

生 1：我带回家再吸。——委婉。

生 2：我不会吸，你吸吧。——直接。

生 3：吸烟有害健康！——幽默。

［设计意图］通过情绪演练，运用三种以上的方法来拒绝，提升学生解决问题的能力。

五、结束语（3 分钟）

拒绝了别人不要内疚，被人拒绝也不用生气，即使处理得不好，发生了冲突，闹得很不愉快，但我们还有一件法宝——和解。

［多媒体展示］和解是很简单的，它是僵持后你主动说的一句话，是你先传递过来的一个微笑，是一个小礼物……只要你们的友谊真的存在，那么和解在一瞬间就能完成。可怕的是关系闹僵了，彼此都认为对方有错，对方必须先来讲和，一定要这样吗？我倒觉得谁先谁后并不重要，重要的是怎么才能和解。无论对错在谁，只要肯站出来求和，就能真正显示他的大度和高风格，对方会更加感

激、珍惜。

方法总比问题多。假如以上方法都试过了，这个朋友还像玻璃一样，不许碰一下，即使你主动求和也不管用，这样的朋友关系破裂就破裂了吧。

教学反思

一、实践心得

学生对于敏感话题的处理，没有逃避，选择在角色扮演时分别由三个人来积极应对，既化解了针对性，也是集思广益的体现。学生课堂爆发的尖叫，恰恰也反映了他们的期待程度。学生的态度取决于老师的态度以及老师的淡定、从容。不加批判的建议和补充，能够让学生在开心之余反观自己：如果我遇到了这种情况怎么办？提前预习，免得事发突然措手不及，因为这些内容家长未必会言传身教。

二、点滴建议

本节课在较浅的层面进行了探索。惧怕说“不”的心理，是一种以自己为蓝本看他人的心理投射。说“不”未必能伤害他人，实质上只是自己内心受不了被人拒绝，所以认为他人也受不了拒绝而不敢拒绝他人。如果往深处探索，可以从以下几个方面进行探讨：

1. 是否敢于向他人提要求？
2. 能否接受他人的拒绝？
3. 能否拒绝对自我的不合理要求？
4. 曾经被拒绝的经历或创伤。
5. 被拒绝了怎么办？

第14课　化解冲突，“圈”住朋友

◎ 武志光

教学背景 当代中小学生过于重视自我，心理尚未成熟，学习压力很大，情绪上表现为不稳定、好冲动、极端化等特点，他们往往不善于调节自己的情绪，容易产生人际冲突。

教学目标

1. 掌握处理矛盾的技巧，养成主动化解矛盾的习惯。
2. 了解化解矛盾所必需的积极品质。
3. 树立积极解决问题的态度。

教学重点

1. 养成主动化解冲突的思想意识。
2. 掌握化解冲突的行动步骤。

教学难点

1. 通过游戏让学生切实感悟什么是积极的心理品质。
2. 通过体验操作让学生真正养成主动化解矛盾冲突的行为习惯。

适合对象 七年级至高三年级。

教学时间 40 分钟。

课前准备 A4 纸若干张，课件和多媒体；将学生分成小组。

教学过程

一、热身游戏：无影手（5 分钟）

［游戏规则］1. 老师任意喊 1、2、3、4 四个数字；

2. 喊 1 时，同学们要用右手抓住左耳朵，左手捏住鼻子；

3. 喊 2 时，要用左手抓住右耳朵，右手捏住鼻子；

4. 喊 3 时，要用右手抓住左耳朵，左手抓住右耳朵；

5. 喊 4 时，要用两只手同时捏住鼻子。

（师生互动。）

师：两只胳膊就像两个人一样，有时难免会有摩擦矛盾。你和同学发生过矛盾冲突吗？你是如何处理的？今天我们讨论：如何正确处理同学之间的矛盾？

这节课主题是：化解冲突，“圈”住朋友。

为什么要用加了引号的“圈”字？这是因为，我最近在微信朋友圈看到了一条信息，就是关于同学之间产生矛盾冲突的问题。那我们就用微信的方式展开这节课。

［设计意图］通过游戏，激发学生的课堂热情。同时，用游戏中乱成一团、相互碰撞的两只胳膊比作两个人，引出矛盾冲突的主题。

二、主题活动（33 分钟）

活动一：朋友圈晒经历（5 分钟）

师：第一环节——朋友圈晒经历。我们来看一下发微信朋友圈的这个学生与同学之间产生了什么矛盾。

> 一条微信朋友圈的信息：每次上课老师让同学们分享发言的时候，我都会心惊胆战，因为我害怕在众人面前讲话。但是我的同桌每次都会起哄让我举手发言，虽然我们关系很好，但是我特别讨厌她强迫我发言。有一次我又怕又气，课后就和她吵了一架……

师：同学们是否有过类似的经历？我知道，同学矛盾是个敏感话题，很多人不愿当众提起。今天我们就以这位同学的经历，来进行探讨。

［设计意图］引发学生对自身或身边同学经历的回忆和思考，体验当时的心境。提供事例让课堂讨论更有针对性。

活动二：微信群聊做法（5 分钟）

1. 全班群聊：面对这样的矛盾冲突，你会怎么做？

师：第二环节——微信群聊做法。假设全班同学组建了一个微信群，请自由发言，聊一聊，如果是你遇到了这样的矛盾，你会怎样处理？

生 1：先道歉，再看对方态度，如果还能做朋友最好。如果不能，就接受现实。

生 2：我会先冷静一下，写张道歉的纸条给他，然后，再一起去吃饭，慢慢把问题解决掉。

生 3：我会跟对方聊一聊，说清楚谁对谁错。要么和解，要么暂时疏远一些。

…………

2. 教师总结常见的处理方式：

（1）敌对激化式——结果是大吵大闹、反目成仇、形同陌路。

（2）冷静回避式——结果是问题搁置、心情不畅、影响学习。

（3）主动化解式——结果是做回朋友、维护友谊、增进感情。

师：很明显，“主动化解”矛盾冲突是正确的选择。但是，“说起来简单，做起来很难”。

师：那怎样才能养成“主动化解矛盾冲突”的处事习惯呢？这就需要性格中拥有一些积极的心理品质作为基础，究竟有哪些积极的心理品质呢？下面，我们就用一些游戏活动来进行体验和感悟。

［设计意图］通过讨论分享，得出处理同学间矛盾冲突的正确方式。同时让学生认识到，要想养成正确的处理习惯，就要拥有积极的心态。

活动三：抢红包攒品质（15 分钟）

师：第三环节——抢红包攒品质。现在，我准备了三个特殊的“微信红包”，里面分别是三种不同的活动，我来挑选几位同学打开。

1. 看图画，考眼力。

（呈现 2 ～ 4 幅“两可图”。）

师：看了这些图，你有什么感悟与收获？

生 1：不同的人，思维方式不一样，看到的事物也不一样。

生 2：角度不一样，可能会看到不一样的效果。

生 3：不同的人眼中会看到不一样的事物。

教师归纳：同一事物，角度不同，会看到不同的内容。

2. 讲故事，谈感悟。

有一次，理发师正在给周总理刮胡须，总理突然咳嗽了一声，刀子不小心把脸给刮破了。理发师十分紧张，不知所措。不过令他惊讶的是，周总理并没有责怪他，反而和蔼地对他说：“这并不怪你，我咳嗽前没有向你打招呼，你怎么知道我要动呢？”

师：听了周总理的这个故事，你有什么感悟与收获？

生 1：周总理没有责怪理发师，而是主动承担责任。

生 2：周总理为人和蔼，乐于宽容他人。

生 3：我们遇到问题，要学会从自己身上找原因，不能总怪别人不好。

教师归纳：要学会主动道歉和宽容自省。

3. 做游戏，说体验。

游戏规则：

（1）给参加游戏的学生每人发一张纸，要求他们闭上眼睛，全班学生不能出声说话，按老师的指令去做。

（2）教师引导学生将纸对折一下，然后再对折一下，在右上角撕去一个角，然后旋转一下，再将纸的右上角撕去，然后把纸打开。

（3）再给参加游戏的学生每人发一张纸，重复做上面的动作，这次允许学生在做的过程中睁开眼睛，并向老师提问。

［游戏结果］ 第一次，很多学生折纸的形状不一样。第二次，基本上都一样。

师：做了这个游戏，你有什么感悟与收获？

生 1：睁眼折纸和闭眼折纸差别很大，允许说话和不允许说话差别也很大。

生 2：第一次折纸的时候不能看、不能问，只能凭自己的猜测去折。

生 3：人们彼此之间的交流很重要。

教师归纳：双向沟通可以减少人与人之间的分歧。

师："红包"抢完了，我们积攒了哪些积极的心理品质呢？

师：当然，单有积极的心理品质还不够，我们还需要知道具体的处理步骤，进行一些必要的训练。

［设计意图］ 本环节设置了三个特殊的"微信红包"，学生抢到的是参与游戏活动的机会，通过游戏让学生进行充分的体验和感悟。

活动四：公众号学步骤（8 分钟）

师：第四环节——公众号学步骤。现在我把微信公众号上的一个"主动化解矛盾冲突的行动步骤"介绍给大家。

1. 分享"主动化解矛盾冲突的行动步骤"。

步骤：第一步，控制情绪。第二步，澄清问题。第三步，表达诚意。第四步，双向沟通。第五步，付诸行动。

师：首先要知道，愤怒的情绪有一个 12 秒的高峰期，过了高峰期后，愤怒会大大减弱。然后，要冷静地想清楚自己和对方的愤怒是因为什么事而产生的。再然后，要主动向对方说自己愿意让矛盾得到化解，愿意做回好同学、好朋友。接下来，双方都要说清自己生气的原因或者善意的初衷，对自己的过错进行诚恳道歉，商量下一步两人该如何做。最后，就是付诸行动。

2. 分组进行模拟训练。

师："光说不练非好汉！"下面，我们进行分组训练。每个小组由小组长指定的同学分别扮演微信朋友圈里分享矛盾经历的那名同学、她的同桌及其他角色，参照五个步骤，表演一个主题为“主动化解矛盾”的简单的心理剧。其他组内同学提供建议。然后，我会随机挑选同学进行表演。

（学生进行分组训练）

3．微型心理剧表演。

（随机挑选一个小组的同学进行表演）

师：请把掌声送给这些同学，他们演得很不错。现在我们大家来共同体会一遍主动化解同学间矛盾冲突的心路历程。

那位同学：第一步，控制情绪。（深呼吸）我知道愤怒是无济于事的，冷静一会儿就没有那么生气了。第二步，澄清问题。我知道我生气是因为她一直在强迫我做自己害怕做的事情。第三步，表达诚意。（找到对方）我希望与你和好如初。第四步，双向沟通。我是一个非常内向的人，真的很害怕在同学面前讲话，你强迫我发言，让我很不舒服。但是对你发火是我的错，对不起。我会努力改变自己这个弱点。第五步，付诸行动。

她的同桌：第一步，控制情绪。（深呼吸）我知道她跟我吵架是有原因的，我要冷静。第二步，澄清问题。肯定是因为我的做法让她无法接受了。第三步，表达诚意。（找到对方）我希望与你和好如初。第四步，双向沟通。我知道你是一个非常内向的人，很害怕在同学面前说话，我鼓动你发言是想让你锻炼一下，另外我觉得你真的有很多好的想法，应该分享出来。但是我没有考虑到你的感受，是我的错，对不起。今后，我愿意帮助你一步一步进行锻炼，提高这方面的能力。第五步，付诸行动。

[设计意图] 本环节让学生们学会“主动化解矛盾冲突”的具体行动步骤，并进行训练。

三、总结（2分钟）

通过体验和感悟，我们知道自己应该拥有哪些优秀的心理品质，也知道通过哪些步骤去化解同学之间的矛盾。

同学们，让我们时刻珍惜身边的每一个人，冷静主动地化解矛盾冲突，让冲突远离你我，把友谊留在身边！

教学反思

一、创意亮点

把“微信”这一时下流行的交流工具融入课堂中，运用“朋友圈”“微信群”“抢红包”“公众号”等微信模式，提高课堂吸引力。

二、实践反思

1. 由于教学过程中选用贴近学生实际的案例和时下社会流行的元素，很好地利用了学生的心理特点，调动了学生的学习兴趣，让学生进行了充分的体验和感悟，学生的主动参与性很强。

2. 在“主动化解矛盾冲突的行动步骤”的行为训练中，采用了微型心理剧的形式，要求学生进行即兴表演，可控性设计不足，如果学生的即兴发挥不佳，不容易将课堂效果充分体现出来，这就要求教师要进行很好的鼓励和引导。

第15课　青春萌动时

◎ 闵宇飞

教学背景 中学阶段是中学生的生理快速发育期，心理社会危机进入自我同一性的重要阶段。在这个时期，受到身体发育和媒体及身边人的影响，学生和异性的交往逐步增多。但是，学生对异性交往的认知水平、分析能力、判断能力、自控能力和行为调节能力很有限，不可避免地会在异性交往过程中出现认知偏差和行为偏差，极有可能陷入早恋而干扰了学习。

教学目标

1. 理解高中阶段异性间的正常情感和爱情的区别。

2. 能够掌握高中阶段异性交往中可能出现的表白、接受、分手等常见问题。

3. 能够觉察异性交往中的情绪波动，并理解背后的心理动机，形成正确的爱情观。

教学重点难点 学会处理异性交往中的常见问题。

适合对象 高一至高三年级。

课前准备

1. 青春故事《十七岁那年的雨季》。

2. 全班分正反两方做辩论准备，辩论主题是“青春扛得起爱情吗”。

3. 《梁祝》双人舞视频、轻音乐。

教学时间 40 分钟。

教学过程

一、热身活动：欣赏《梁祝》双人舞视频（5 分钟）

师：同学们，大家知道刚才观看的舞蹈讲的是什么故事吗？

生 1：梁山伯与祝英台！

生 2：化蝶！

师：大家说得很对，那么梁山伯与祝英台的故事讲的是什么？

生：爱情。

师：是的，刚才的舞蹈呈现了一个流传千古的爱情故事。从古至今，爱情一直是古老而又新鲜的话题。对于我们高中生而言，会有“爱情”吗？又是什么样的呢？今天我们讨论的主题是——青春萌动时。

［设计意图］引出主题，激发学生的学习兴趣，初步引起学生思考。

［备注］学生对梁山伯与祝英台的故事比较熟悉，师生互动要向“爱情”“青春”两个关键词进行引导，突出本课主题。

二、主题活动（35 分钟）

活动一：“爱情”初体验（5 分钟）

师：青春是美好的，青春的萌动是纯真的。我们在感受美好的同时，会遇到很多烦心事。你怎样看待此时的“爱情”呢？会有哪些烦心事呢？

生 1：我认为高中生还没有足够的能力去承担，我们应该把精力放在学习上。

生 2：我觉得高中谈恋爱挺好的，至少这时的爱情很纯真，没有世俗的成分。

生 3：可是高中生谈恋爱会遇到很多烦恼。我想问：哪个在恋爱中的女生不会因为男生的一句话难受半天？

师：听得出来，大家对青春懵懂时的爱情看法不一。下面，就让我们一起聆听一个故事，通过故事交流爱情的话题。

［设计意图］明确主题，让学生带着问题进行学习。

活动二：故事《十七岁那年的雨季》分享讨论（一）（8 分钟）

师：同学们，中学生的“爱情”会是怎么样的？下面我们通过故事《十七岁那年的雨季》一起来了解一下。

1. 故事分享

十七岁那年，高中女孩小萌走进了分班后的新班级——高二 ×× 班。在新的集体中，小萌最先认识的是她的同桌——男孩小东。小东是一个热情开朗、热爱运动的男生，小萌很欣赏他的阳光形象。小东也很佩服小萌的细心和认真，在学习上多次得到了小萌的帮助。两个人渐渐地熟悉起来，一起讨论学习问题、一起去餐厅吃饭，下课一起聊天、一起欢笑……两个月后的一个周末的晚上，小萌正在家看电视，手机 QQ 上小东的头像闪动起来，小萌点开一看，发过来的文字让她心跳加速：“小萌，我喜欢你，做我的女朋友，好吗？”

2. 自由发言

师：同学们，我们刚刚聆听了小萌和小东的故事，我相信，在我们身边这样的故事并非虚构。现在问题来了，面对小东在 QQ 上的表白，你认为小萌应该怎么办？

生 1：我觉得小萌应该接受小东的表白。既然他俩都很欣赏对方，在不耽误学习的情况下也是可以在一起的。

师：所以你的观点是在一起更幸福，是吗？

生 2：我觉得应该拒绝，毕竟我们还是学生，没钱、没时间、没有资本去谈恋爱，一个不愉快的过程不如一个爽快的拒绝。

生 3：我觉得小萌应该不回应。不管她心里怎么想的，最好不要在 QQ 上答复，毕竟应该严肃点说。

师：嗯，这位同学说得有理有据。好的，刚才大家各抒己见，说得都很好。现在有另外一个问题问大家，如果小萌只是想保持普通朋友关系，那么她应该如何拒绝小东？

生 1：我认为应该直接在 QQ 上拒绝！就对小东说，不行！坚定点！

师：你认为应该严词拒绝，对吗？

生 2：我觉得吧，不接受是一定的，不过应该婉转一点。就说我已经有男朋友了！

师：很婉转，但是有一定的风险，不是吗？

生 3：如果我是小萌，我会给小东回复一段话，告诉他现在不适合，如果他有意，我会在大学等他。

师：委婉表达的同时还有可能激励了对方。如果你们真的在大学相会了呢？

生 3：再说呗！大学里面宽松一些，也可能真的会在一起。

师：嗯，时间知道答案！关于拒绝，我想起了这样一句话："请珍惜那个给你发了好人卡的人。"小东的表白，就是给小萌发了一张好人卡，面对对方的热情和尊重，如果要拒绝的话也一定要委婉和真诚，不要伤害那个对你好的人。下面，我们接着听故事《十七岁那年的雨季》。

［设计意图］ 通过故事引入情景，激发学生思考：面对异性表白要不要接受？如何拒绝最有效、最合理？

活动三：故事《十七岁那年的雨季》分享讨论（二）（10 分钟）

1. 故事分享

师：看到留言的小萌强按住扑腾乱跳的心，快步回到了自己的房间。在喜悦和犹豫中，小萌似乎拿定了主意，她拿起手机，回了个"好呀"……从此，二人更亲密了。多少次晚自习后，二人不顾其他同学疑惑的目光，手挽手在月光下的校园漫步；多少次归寝熄灯后，他们偷偷把手机带来学校，躲在被窝里用 QQ 互诉衷肠；多少次自习课上，他们忘记了繁重的作业在低声细语；多少次在课间，他们如影随形，忽略了其他同学的召唤……渐渐地，同学们对他们指指点点，他们却幸福无边。

2. 现场辩论

师：同学们，关于小萌和小东的故事，我们要展开一场辩论赛。现在，我左手边的同学为正方，你们的观点是"青春扛得起爱情"；我右手边的同学为反方，你们的观点是“青春扛不起爱情”。现在，给大家5分钟的小组讨论时间，讨论后我们开始辩论赛。

生1：我们正方的观点是青春扛得起爱情！我们正处在人生中最美好的青春，我们年轻，我们精力旺盛。哲人说，年轻就是资本，青春无悔。我们有能力也有必要在青春中感受爱情！

生2：请正方辩友注意，我们辩论的主题是扛不扛得起爱情，而不是有没有资格感受爱情。我方的观点是：青春扛不起爱情。没错，年轻是我们的资本，可是我们难道不应该把这份资本投入到更有效益的项目上去吗？学习、成长应该是我们青春生活的主旋律，爱情对我们而言是奢侈的，我们缺乏恋爱的物质基础和精力储备，所以，青春扛不起爱情。

生3：反方辩友说，青春扛不起爱情是因为没有物质基础，物质是什么？也就是钱喽。我想问，金钱堆积起来的是爱情吗？真正的爱情一定需要金钱吗？当然不是！所以，反方辩友的观点是站不住脚的！

生4：好吧，我们先不谈金钱。我请问正方辩友，你的小男友能不能对你遮风挡雨，你的小女友能不能被你呵护有方？面对爱情，我们缺的不只有金钱，还有内心的力量！当我们还没有充分准备好的时候，我们能扛得起爱情吗？

生5：反方辩友请不要故意缩小爱情的含义。爱情不一定非要为对方负责，难道彼此的相互理解、相互携扶、相互陪伴、共同进步不是爱情吗？这样的爱情我们难道扛不起吗？

生6：正方辩友说得好！感谢你为我方提供了好的支持！请问，仅仅是相互理解、相互携扶、相互陪伴、共同进步就可以涵盖爱情的全部吗？这样真的是爱情吗？

生7：反方辩友，事实胜于雄辩。我的爸爸妈妈就是高中时开始恋爱的，他们后来感情一直很好，并且他们都为高中的感情深感幸福，所以，青春扛得起爱情！

生8：这位正方辩友举了一个很好的例子。我想请问，高中爱情终成佳偶的概率大，还是各奔东西徒留遗憾的概率大？我想后者概率更大吧。所以，不能“一叶障目，不见泰山”，我们扛不起爱情的。

［教师总结］ 好了。大家的辩论很激烈，为我们精彩的发言鼓掌！是的，青春能否扛得起爱情，真的是各有各的理。我们辩论的目的是看清事实，不辩不明嘛。我想大家在刚刚的辩论中也一定有了一些收获。同时我想告诉大家，我们中学生异性间的好感是正常的，但是我们要学会区分什么是“好感”，什么是“爱情”。一句话来作为区分的标准——我喜欢 ta，我只喜欢 ta，我不准别人喜欢 ta，如果符合就是爱情了。接下来，我们进入故事《十七岁那年的雨季》的第三部分。

［设计意图］ 通过故事引入情景，通过辩论激发学生思考：青春期异性间的感情是属于“好感”还是“爱情”？爱情的真谛能否在青春阶段异性间的感情中存在？

活动四：故事《十七岁那年的雨季》分享讨论（三）（12 分钟）

1. 故事分享

纸终究是包不住火的。班主任知道了小萌和小东的事，将两个人分开了座位。当班主任手里拿着期中考试的成绩单，询问成绩一向很好的小萌为什么最近成绩就像坐上了滑滑梯一样向下滑时，小萌沉默地低下了头。她心中清楚，“爱情”的美好是要付出代价的。老师说：“小萌，你是个聪明又懂事的女孩，老师相信你会对自己的未来做出正确的选择。”回到教室，小萌心中五味杂陈，整整一天，看着窗外的秋雨出神。周末回家，小萌思考了很久很久，最终拿起手机给小东发了一条 QQ：“东，我们分手吧。”

2. 小组讨论发言

师：故事到此画了一个省略号。我想问大家：为什么会是这样的结局？

生 1：喜欢是新鲜感，爱情是归属感。他们终究还只是喜欢而已。

生 2：没有老师就好了。

师：真的没有老师他们就不会分手了吗？

生 3：不是老师的原因，还是年龄太小了，大家说得很美好，但真是要做的话，爱情不像想象中那么简单。

师：没错。爱情不仅仅是相互吸引，还有相互依靠和责任承担。分手了，他们应该如何处理这份感情？

生 1：忘了吧！给自己一个期限，把对方忘掉，不再联系，把 QQ 删了。

生 2：我觉得还是要做朋友的，不成恋人也不能成为敌人啊。

师：不错，要怎样做呢？

生 3：找对方好好谈一谈。也许可以先把这份感情珍藏起来，等待合适的时机再去发展，如果对方还愿意的话。

［教师总结］我相信，这份感情是真挚的，可是它并不是在恰当的时候，不是完美的爱情。心理学家研究表明，完美的爱情需要三个要素：亲密、激情、承诺。作为同学，大家朝夕相处，亲密是具备的，可是激情我们可以接受吗？承诺我们能够做出吗？所以中学生的爱情不可能是完美的。但是，我们还是要感谢那个曾经带给你心动的那个人，允许他改变，如果做不到祝福，也要平静地接受他的离去。最后，老师有一段话送给大家，请看大屏幕，我们一起念出来——

> 爱情是美好的、珍贵的！年轻的我们，请等一等，不要轻易说出口，让我们依然保持沉默，我们要珍惜这份天真羞涩！现在，我们的肩膀都还稚嫩，扛不起太多的责任，请等一等，等我们的肩膀更厚实些，我们懂得了什么是成熟的思索，一定会收获完美的爱情！

［设计意图］通过故事引入情景，激发学生思考：青春期的爱情为何难以维持？分手后要如何相处？

教学反思

一、创意亮点

1. 本课根据爱情和好感相区分的“独特性”“排他性”和“爱情三角模型”进行设计，让学生在活动中认知了解爱情的特征和完美爱情的特点。

2. 本课最大的亮点在于放弃了常规的知识和道理传授，而采取了设计情景、提出问题、激发思考、讨论分享、教师总结的教学模式，有效地降低了学生对爱情这个敏感话题的阻抗，也避免了教师站在道德高地对学生评价式的讲授。

3. 本课在情景设计上采用了故事分享的形式而没有采用心理剧的形式。因为学生的表演参差不齐，课堂效果难以把控，反而会影响整节课的基调，选择故事分享的形式更有利于引导整节课的生成。

二、实践反思

1. 恋爱是永恒的话题，学生们私下里眉飞色舞，公开又扭扭捏捏。所以，教师的态度特别重要——教师坦诚，学生就坦诚；教师庄重，学生就庄重；教师适当自我暴露，学生才会袒露内心世界。

2. 让学生把“爱情”从感受提升到认识是一个难题。有效的学生发言可以产生群体效应，达到单纯教师讲授达不到的教育效果。

第16课　读懂父母的爱

◎ 翟卓宏

教学背景 高中生进入青春期以后，认为自己已经长大，已经有独立的思想，其实他们各方面都还不够成熟，在与父母意见不一致的时候，常常容易走向叛逆。

教学目标

1. 找到与父母相处的原则与正确方法。
2. 能恰当处理与父母之间的不愉快。
3. 理解和接纳父母，与父母建立良好的关系。

教学重点 让学生掌握与父母沟通的方法与技巧。

教学难点 对学生认知的改变。

适合对象 七年级至高三年级。

课程时间 40分钟。

课前准备 "父母的爱"（感动的事情和不愉快的事情）统计表60份，短片《上一代的榜样》。

教学过程

一、主题导入（1分钟）

师：这节课的主题是"学会与父母相处"。我先做一个调查，迄今为止，从来没有跟父母发生过矛盾、发生过不愉快的同学请举手。

（无人举手。）

师：即使是你最亲近的父母，在相处过程中，发生矛盾甚至冲突都是不可避免的，因为你有自己的思想，有自己的处事方式，而当自己的思想和父母的思想不一致的时候，产生矛盾不可避免。接下来，我们来看一个短片，看后请大家分享一下自己的感受。

［设计意图］用现场的调查数据说明与父母发生矛盾是正常的，引出下一个环节。

二、父母的爱（8 分钟）

师：视频看完了，接下来我找一位同学谈谈自己的感受。

生：感动！这个视频是从孩子的视角拍摄的，他看到奶奶这个不吃那个不行，认为是奶奶在对父亲百般刁难，但是当父亲向他讲述小时候生病发烧，奶奶带父亲去看病的那段经历的时候，他理解了父亲。

师：好，很好。在每位同学成长的过程中，与父母相处的时间是最长的。当我们回忆与父母相处的点点滴滴时，会发现既有感动的时刻，也有烦心的时候。请每位同学回忆一下，把让你感动和不愉快的事情分别填写在表格中，时间 2 分钟。

师：填写完之后，分小组讨论，总结一下，让你感动的事情的共同特点是什么？让你不愉快的事情的特点又是什么？

生 1：所有让自己感动的事情，就是和父母的沟通渠道非常畅通，每个细节都体现着父母点点滴滴的爱。

生 2：和父母发生不愉快的事情，究其原因，多是缺乏有效的沟通或教育方式不得当，但父母的出发点都是关心孩子。

师：很好，这两位同学总结出了我们与父母相处的时候令我们感动的事情和令我们不愉快的事情的特点，问题找得很准。那么，当我们遇到这些情况时，我们该怎样应对呢？接下来进入我们的“心海导航”环节。

［设计意图］通过对视频的讨论，找出两类事件的共同特点，为“心海导航”环节做好铺垫。

三、心海导航（5分钟）

师：我们与父母之间产生的误会和困惑，从根本上来讲，是因为沟通不畅，接下来我们一起来了解一下沟通的冰山理论。冰山理论认为，我们人类的行为和心理活动就像一座浮在水面上的冰山，我们能够看到的、听到的外显行为就像浮在水面上的部分，在水面之下隐藏着我们的感受、观点、期待和渴望。人与人的沟通就是两座冰山的碰撞和交流。当父母误会我们，冲我们发脾气的时候，我们首先要做的不是马上与之针锋相对，而是要观察一下：在他们做出某种行为的时候，他们内心的感受是什么？行为背后隐藏着什么样的观点？他们对我们的期待是什么？他们内心的渴望是什么？同样，你也可以平心静气地向父母表达你的观点，描述你的感受，提出你的期待和渴望，这就是所说的“一致性沟通”。

［设计意图］讲解冰山理论，让学生在实际生活中应用冰山理论来解决与他人的交往问题。

四、心理剧场（25分钟）

师：接下来进行我们的心理剧场，这个环节大约25分钟。规则是这样的，在我手里有几张纸条，每张纸条上有一个场景，分别如下：

场景一：有一天，小丽回到家里，发现妈妈正坐在自己的书桌前，翻看着自己的日记本。看到这一幕，小丽心里……

场景二：好不容易盼到周末，已经上高三的小明回到家里，钻进书房，打开笔记本电脑，开始玩自己最喜欢的游戏。妈妈进来，看到了这一幕，就开始唠叨：“高三了，怎么还玩电脑？怎么这么不上进呢？啥时候才能进入高三状态？你看人家……”

场景三：这次月考，小强考砸了。回到家里，妈妈笑着迎了上来：“小强，这次月考怎么样啊？”小强：“烦死了，别问了。”

我们全班分为三个小组，每个小组抽取一个场景，你们有8分钟的准备时间。

8 分钟后，每个小组派出你们的演员上台表演这个心理剧。要求在表演的过程中表现出通过自己的努力改善与父母之间的关系。

学生分组研讨，选定导演、演员、编剧，研究剧情……

师：好，时间到。下面分别请三组同学上台表演。

(心理剧表演 15 分钟。)

［教师点评］ 通过刚才的心理剧场，我们发现有些同学在改善与父母关系的过程中用到了这样几种方法：主动交流、一起做事、认真倾听、主动道歉、善于体谅、共同商讨。父母是我们备战高考的坚强后盾，主动营造一个和谐的家庭氛围，就是为自己的高考加分。过了高三这一年，我们就会远离父母，走进自己理想的大学，以后和父母相处的机会就不多了，是时候该用点儿心思和父母好好相处了。

［设计意图］ 学以致用，创设情境，让学生在模拟的场景中进行一致性沟通，掌握冰山理论这一有效的沟通工具。

五、致信父母（1 分钟）

师：同学们，通过这节课的学习，我们了解了冰山理论，掌握了跟父母相处的方法，接下来给大家布置一项作业：回忆你跟父母最近的一次不愉快的经历，给你的父母写一封信，试着用冰山理论去理解父母的行为、语言、感受、观点和期待，表达自己的感受、观点、期待和渴望，然后看看会有什么效果。

教学反思

一、教学心得

本节课从回忆跟父母相处的事件导入，通过找到与父母之间发生的不愉快的事情的共同点，引出萨提亚的冰山理论，重点阐述了冰山理论，教会同学们在与父母相处的过程中不要仅仅看到父母外在的行为，更要看到行为背后的感受、观点、期待和渴望，从而学会与父母相处。最后通过心理剧场环节的设计，使同学们将所学到的理论应用于生活实践。问题在于，在心理剧场环节，有些同学参与的积极性虽高，但是多出于好奇和好玩儿，态度不够认真。

二、点滴建议

观看视频之后可以加入三分钟的冥想环节，让学生回忆跟父母之间发生的让自己感动的场景，体会感受，渲染氛围。

第17课　看见父母

◎ 崔小胜

教学背景 当前社会，多数中学生是独生子女，极易受到家长的溺爱，“以自我为中心”，认为父母对自己的关心、养育都是理所当然的。进入青春期后，学生产生逆反心理，看不到父母的爱，无视父母的付出，不懂得感恩。中学阶段，是学生价值观形成的重要时期，引导学生常怀感恩之心，看见父母、感受亲情、健全人格、自我成长是本课的出发点。

教学目标

1. 感知父母为自己的付出和无私的爱，懂得感恩。

2. 用实际行动去感恩父母、感恩他人、回报社会。

3. 接纳父母，从父母身上汲取力量，激发学习动力。

教学重难点 画出成长九宫格，写下义务清单，汲取父母力量，促进学生自我反思成长。

适合对象 七年级至高三年级。

教学时间 40 分钟。

课前准备

1. 视频：《遇见二十年后的父母》；

2. 音乐：*Make a wish*；

3. A4 纸，彩笔。

教学过程

一、视频导入，酝酿情绪（8 分钟）

师（导语）：看见，乾坤父母，生命源泉，恩重如山，孝敬由心，以爱传爱。今天，很高兴能与你们一起探讨关于“看见父母，成长自己”这个话题。大家都知道，在我们的成长过程中，很多生活习惯、脾气、性格都来自我们的原生家庭，来自我们的父母。在日常生活中，我们会说，“×××，跟他爸爸真像，连说话声音、走路姿势都像”，这就是父母带给我们的影响，父母是我们的生命之源。那么，怎样更好地庇护这个生命之源？以什么样的状态对待我们的父母？接下来让我们共同来探讨一下。请观看视频。

（播放视频《遇见二十年后的父母》。）

师：大家看过之后都有一些感触。有的同学触景生情、泪眼婆娑，有的同学无动于衷、不以为然，还有的同学认为这只不过是演戏……无论你是哪种心态，都是允许的。现在，老师邀请你想象一下二十年后自己父母的样子，认真、仔细地看看他们，或许你会吃惊，或许你会感动，或许你有许多话要对父母说。此刻，给你 2 分钟时间把想给父母说的话说给同伴听……

生 1：平时真的没有想过父母二十年后的样子。现在，想到父母二十年后的样子，我感到心酸、心疼、心痛，心酸的是他们的样貌真的会变老，心疼的是岁月把他们折磨得体弱多病，心痛的是自己没能为父母做点什么，枉为人子。

生 2：父母养育我们不容易，他们为我们付出了太多太多，他们的唠叨、管束，只是一种爱的表达。我想说的是，父母陪我长大，我陪他们慢慢变老。

…………

［设计意图］视频引入，酝酿感情。

二、手绘画面，看见父母（30 分钟）

师：同学们，不管你走到哪里，你永远是父母那割舍不断的牵挂。只要父母在，你永远是一个孩子，你可以在父母面前哭，可以在父母面前笑，可以撒娇，可以撒泼，可以无理取闹……或许你会嫌他们唠叨，嫌他们烦，或许你们会有矛盾或冲突。到底该如何对待我们的父母，怎样与他们相处呢？接下来请大家拿出A4纸，折成九宫格。折好之后，请大家闭上眼睛。

（一）成长九宫格

1. 冥想。

（音乐 *Make a wish* 响起。）

师：请想象一下现在父母的样子，感受一下父母就在你前面，回想你从出生到幼儿，慢慢长大，小时候跟父母在一起的一些画面、冲突、矛盾，说的话，他们的样子，都一一浮现在你的脑海。你也可以用回忆的方式感知自己带给他们的伤害，一些画面会慢慢地呈现出来。等音乐慢慢消去的时候，再次感受跟他们有关的所有画面以及对他们想要表达的语言。当音乐停止，请你再提炼一下，提炼六个画面出来，看看是哪六个画面。你再提炼出一些对父母和自己评价的词语。相信你的记忆都在，我们只是为了探索，让自己生活得更好。当六幅画面提取出来的时候，请不要说话，睁开眼睛，用彩笔，从左向右画出这六幅画。我们不是绘画比赛，不用苛求自己画画的技能和水平。只要画出自己想表达的、自己懂的，能诉说出内容即可。请在中间这三格里写出我们提炼的性格特征的词语，最上方写出父亲的性格特征，最下方写出母亲的性格特征，在中间这一格写出自己的性格特征，分别写下五个形容词。好，现在开始！

师：谁愿意分享自己的画面故事、感悟及收获。

（学生代表分享。）

生：我选择的六个画面是我记忆最深的，尤其是在我小学、初中阶段，父亲对我的期望是希望我学习好，在学习方面要什么给什么，真的是有求必应。

师：哪位同学分享一下和父母在一起让我们头疼的场景？

生：爸爸对我过于苛刻。我的字一旦写得不好，爸爸就会粗暴地把作业撕了，让我重做。其实，我写的字在班里并不算太差。

师：请同学们分享与父母相处中印象最深的一件事。

生：我记得小时候一天夜里，下着雨，我生病了，父亲骑着借来的摩托车，妈妈抱着我坐在后边，把我送到了镇上的医院。他们都淋湿了，却一直陪着我在医院治疗。他们真的很爱我。

［设计意图］借助回忆，辅以轻音乐，回顾与父母在一起的过往，与同学互述故事画面，共同感受父母的付出和父母的爱。

（二）义务清单

师：好！通过刚才的成长九宫格，大家有没有发现：在我们的成长过程中，父母对我们每一个阶段建构的价值观，也就是说他们所留下的痕迹，在我们的脑海里都有记忆。但是时代发展了，作为儿女，我们要清楚地区分哪些是我们应该承担的，哪些是不该承担的，这样我们才能让自己的下一代，让我们这个家族顺利地传承发展。接下来我们做一个义务清单，请你在这张纸的后面写下你的义务清单，告诉你的爸爸妈妈：

1. 我需要对你们感恩的是___________________________。

2. 你对我的要求和需要，哪些我接受，哪些我要还给你。（比方说他让你 24 小时陪他，有些请求你是可以拒绝的，与父亲和母亲也有个界限）

3. 我和你们之间，我可以承担的部分是___________________________。

学生完成后，两两分享。

生 1：亲爱的爸爸妈妈，我要感恩的是你们的无私、你们的宽容。你们对我的要求我试着全部接受。我希望带你们去看世界。

生 2：爸爸妈妈，感恩你们养育我、爱我、关心我。但我不要你的愤怒、坏习惯。我会继承你们的要强、有目标，努力让我们的家庭更幸福。

…………

［设计意图］看见父母的付出和无私的爱，接纳父母，学会和父母相处，懂得感恩。

三、总结提升，拓展延伸（2 分钟）

师：同学们，刚才我们分享了和父母相处的每个画面、每件事情，它们是那样的深刻而鲜活。把这些画面留住，做一个你最喜欢的动作化成符号进入你的身体，和你的符号融合在一起，每次需要时就把它拿出来。在你的未来，让父母所有能够给你的力量，跟自己的力量融为一体。不管你怎么决定，去做就好，做到了更好。我们慢慢地把这种感觉找到，然后留在心里。父母永远在我们心里！

同学们，自从我们来到这个世界上，父母亲一直牵着我们的手，给我们挡风雨；父母的爱是寒冬里的一把火，是黑暗里的一束光明。人的一生，应该感恩很多人，尤其要感恩父母，他们的爱，让我们快乐健康成长，让世界变得美丽而温暖。最后，请大家一起喊出来：爸爸妈妈，我爱你们！我爱你们！

学生大声喊三遍。

师：让我们回家后为父母做一件事，做家务，给父母说句感谢的话，等等。

［设计意图］ 爱要表达，倡导学生做件事情感谢父母，用自己的一句话和自己的行动向父母表达感恩之心。与父母的互动，让学生感受来自父母的爱，汲取父母的能量，激发他们为美好生活而不懈努力。

教学反思

一、创意亮点

成长九宫格呈现出的六幅画面，让学生回忆起自己与父母之间的故事，引导学生看见父母，看见父母的付出。用五个词概括父母和自己的性格特征，在提炼过程中让学生感受与父母之间深深的爱。学生在分享的过程中，看到父母对自己的付出和无怨无悔的爱，内心会有一定的触动。运用义务清单，让学生们懂得如何和父母交往，懂得与父母之间的界限，接受什么，返还什么，清楚自己该做些什么来感恩父母。

二、实践心得

1. 制作成长九宫格时，强调不是绘画比赛，自己能看懂就行。

2. 冥想词可随机变化，声音要低沉、缓慢，与音乐融为一体。

3. 要关注那些特殊家庭尤其是单亲家庭的学生，他们在课堂上有可能会流露负面情绪，分享时会突破原定时间，可酌情处置，要有预案。

三、点滴建议

1. 时间应在 1 个小时左右为宜，学生两两分享，画面分享充分一些效果更好。

2. 学生分享结束后，教师及时对学生的感受予以接受和认可。

3. 音响要在课前进行调适，保障音乐、话筒音量适中，保障现场效果。

第18课　我遇我师

◎ 王秋霞

教学背景 师生关系是校园里最基本的人际关系之一，师生关系融洽和谐，才能取得最佳的教育效果。和谐的师生关系可以激发学生的学习积极性，提高学习效率，有利于培养学生正确的人生观和价值观。当然，良好的师生关系需要师生共同建构，它受师生角色、相互认知、彼此期待等因素影响，只有教师的单方面努力是不够的，学生也应该有积极的态度。那么，作为学生，应当如何去做呢？

教学目标

1. 帮助学生梳理与老师之间的关系。
2. 引导学生感恩老师。
3. 帮助学生委婉地向老师提建议。

教学重点 营造氛围，引导学生感恩老师。

教学难点 帮助学生委婉地向老师提建议。

适合对象 小学高年级至高三年级。

教学时间 40 分钟。

课前准备 若干张图纸，投影仪。

教学过程

一、热身活动：抓逃游戏（7 分钟）

［活动规则］伸出左手，掌心向下，同时伸出右手，食指朝上顶住右边同学

的手心，这样我们会连成一串。很好，这是我们的准备姿势。接下来，我要朗诵一段文字。大家听到“老师”两个字的时候，要快速抓住左边同学的手指，同时快速逃离右边同学的“魔爪”。大家明白了吗？

师：刚才的游戏里，你听到几个老师和导师？

生：5 个老师，2 个导师。

师：截止目前，你遇到的老师和人生导师有多少个呢？（停顿）今天我们就来聊一聊：这些年，我们遇到的老师和人生导师。

［设计意图］活跃气氛，调动学生参与课堂的兴趣，引发学生初步思考，引出主题。

二、主题活动（33 分钟）

活动一：我遇见的老师（5 分钟）

师：接下来，请你收起刚才的兴奋，我将带着大家回忆。整个活动需要我们闭上眼睛，因为睁着眼时，我们的脑子里充满了理性的逻辑、思维和想法；闭上眼时，会出现一些感性的画面。

师：好，请你轻轻地闭上眼睛，来欣赏一段音乐，让自己慢慢平静下来，把注意力收回来。（停顿）现在，请你问自己一个问题：如果用一种动物、植物，或者大自然的矿物来形容自己，你觉得自己像什么？曾经有人告诉我他像一棵小树，正在积聚能量，努力地成长；有人说他像一只猫咪，安静中有一丝胆怯。感受一下，你觉得自己像什么？

师：现在，请你回忆过往，上高中以前，你遇见过哪些老师？有谁给你留下了深刻印象？又有谁对你产生了影响？他给你的影响是什么？再看看现在，有哪些老师正陪伴在你的身边？多年以后，你会因为什么而记得哪些人？

师：观察一下，你跟这些老师的关系怎么样？你们之间是良好的、亲密的、可以靠近的，还是他想靠近你而你却离得远远的，或者你和他发生过冲突，充满了矛盾？你们之间关系怎么样？（较长停顿）如果有一些出现在你的脑海里，请你慢慢睁开眼睛，根据刚才的回忆，制作属于你的师生关系图。

［设计意图］通过回忆引导学生进行回想和梳理。

活动二：师生关系图（15 分钟）

（多媒体课件展示师生关系图的制作步骤。）

师：第一步，标注自己。在圆心位置画自画像（用符号或文字代表），用一种植物、动物、矿物或大自然景物来代表自己，用三个词描述自己。

第二步，标注老师。把你遇到的对你印象深刻的、有影响的老师，根据你主观感觉到的心理距离的远近，填在相应位置，用三个词形容每个人。用不同的线，表示你们之间的关系。曲线代表经常发生冲突或摩擦，直线代表关系良好，虚线代表关系疏离。

（学生行动。）

师：第三步，为图命名。根据自己现在的感受，为图命名。

（学生行动。）

师：第四步，心灵书写。在图上，挑一位你欣赏或感激的人，（停顿）再在图上的现任老师中，挑一位你不欣赏或有矛盾的人，分别用以下的参考句式进行书写。

A. 老师，谢谢你，因为________。

B. 老师，我欣赏你的________，我从你身上学到了________。

C. 老师，我觉得你________，我悄悄地渴望你________。

［设计意图］帮助学生梳理与老师之间的关系，引导学生认同老师的积极影响，正面引导学生向老师提建议。

活动三：展示与交流（10 分钟）

（多媒体课件展示小组交流的三个问题：他（她）给你的感觉是怎样的？他（她）给你的影响是什么？你从他（她）那里学到了什么？）

师：好，我们先暂停，回到 4 人小组里，有意识地带着上面三个问题来分享你的关系图。一会儿，请推荐代表在全班进行分享。

（4 人小组交流。）

师：好，谁愿意做第一个吃螃蟹的人？（环顾并等待，见有同学起立时）让我们用掌声请这位同学站到讲台上来分享。

生 1：我的画叫“我遇到过的好老师”，这些都是我初中的老师。我想对梅老师说，谢谢你的耐心和与众不同的教学方法，让我爱上英语。G 老师，我觉得你很会安排时间，我需要你对我的鼓励，虽然有的时候你会批评我，但我知道你一直对我充满希望。上了高中后才明白你的一片苦心，最后一节课，你一句“你们再看看书，我再看看你们”，让我眼泪喷涌而出。我爱你，你给我留下了许多美好的回忆。

师：这里一定有许多感人的故事，谢谢你的分享。（停顿）第二张图在哪里？

生 2：我的画叫“竹笋遇雨图”。我非常感谢英语老师，她帮助我找到了自己努力的方向，给我追逐梦想的动力和勇气。我觉得周老师对待学生不够友善，我悄悄地渴望他在教学生涯中能调和他的严苛与仁慈，能够给学生多一点关爱。

师：如果周老师收到这样温和又具体的建议，你猜他会怎么做？

生 2：不知道。

师：你愿不愿意试试看。

生 2：愿意。

生 3：我的画叫“You are always here for me”。这是我的心灵书写，D 老师，我觉得你有一些严厉，不要对零食和课外书有太多限制，我悄悄地渴望你顾及一下我们的尊严，不要针对那些你教的那门课成绩不太好的学生。

师：如果 D 老师做到了这点，你们的关系会更融洽。关于零食和课外书，你猜老师这样做的动机是什么？思考一下就好了，不用回答我。至于你提到的顾及学生的尊严，我赞同你的观点，也许 D 老师根本没有觉察到，很需要你的提醒呢！

［设计意图］以小组推荐的方式进行分享与展示。

活动四：感悟与分享（3 分钟）

师：通过刚才的回忆、绘图和分享，在座的每个人内心体验是不一样的。接下来，请你用一句话概括今天的感受和感悟。

生 1：许多事情过后才知道真相，感谢我生命中出现的这些贵人。

生 2：今天对自己的老师们进行了一个梳理，发现自己挺幸运的，遇到了许多好老师。

师：课堂上我们遇见的老师，有的不仅能够传授知识，启迪智慧，而且也能带给我们温暖。他们的出现与陪伴，让我们的人生变得更美好。

生活中我们也会遇见一些人，不论年龄与阶层。在某个阶段，他（她）对你有所触动，促进了你的改变，让你得到学习和成长，不论年龄与身份。这些人，也是你的老师和人生导师，希望每一次遇见都能让你得到成长。谢谢大家的积极参与和真诚分享。

［设计意图］引导学生分享不同的体验和感悟，检验教学目标，引导学生进行回顾、整理、交流与思维碰撞。

［课后延伸］

师：今天的欣赏、感激和建议，如果你愿意，请以恰当的方式让当事人知晓。因为这些反馈可能对他（她）来说非常重要。

教学反思

一、实践心得

这是一节能让学生获得沉浸体验的课，他们愿意并且能够安静地回忆和梳理，在回忆和梳理中能够自然流淌出感恩的情感，并能够以较温和的方式对某些教师提出正面的建议。当然，教师从图中也能够对学生心中的师生关系有直观的了解，必要时进行针对性的课后谈话或辅导，甚至可以发现一些问题，可以进一步向班主任或任课老师进行反馈。

借鉴台湾游金粼老师的工具图，目标定位于了解学生的社会支持系统，让学生回忆并梳理自己人生中重要的人，并从图上挑选一些人，通过完成句式，进行心灵书写，也收到了很好的效果。从学生对自己的心灵书写中，教师可以清晰地了解学生的渴望与需求，可以进行针对性的谈话。

例如：有一个学生这样对自己说：我觉得你太内向，不懂得如何处理人情世故，我需要你敞开心扉和同学们好好相处，多几个知心好朋友。我怕你总是找不到心灵的慰藉，一个人默默忍受孤独，不要以为你很糟糕，你也有一些别人没有的优点，我悄悄地渴望你能够好好学习，努力让自己每天都过得充实而快乐。

当然，我们可以从社会支持系统图中直观了解到学生的人际关系和家庭状况。

二、点滴建议

1. 为了提高课堂效率，课前用清单形式向学生提出思考题，减少回忆的时间占比，简化冥想的回忆和梳理。

2. 关于冥想环节：学生如果是初次体验冥想，他们会有一些不习惯，会觉得好笑而不能投入，甚至笑场，所以在实施冥想环节前，要向学生说明调整心态很重要。提醒学生“无论此时你的状态如何，请平复一下你的心情，以平静和认真的态度去对待它，你的投入将决定你的收获”。另外，教师可以根据自己的风格设计贴合学生实际的指导语，能够引发学生兴趣，尽量避免虚无缥缈的抽象画面。

3. 如果时间充足，让学生用大自然的事物来形容每个对他重要的人，能更深入地了解学生的世界。

第19课　借我一双慧眼

◎ 王秋霞

教学背景 在焦点解决技术的理念中，积极关注和指向问题解决的正向思维，非常值得推广，而且对于培养学生积极乐观的思维大有益处，在此理念基础上设计了本节课。

教学目标

1. 认识积极关注的作用。
2. 找到积极关注点，重新评估现实烦恼，并积极应对。
3. 用积极关注的心态，看待生活中的人和事。

教学重点 找到积极关注点。

教学难点 重新评估现实烦恼，并积极应对。

适合对象 七年级至高三年级。

教学时间 40 分钟。

课前准备 请同学们在小纸条上写下曾经或最近给自己带来烦恼的事情。

教学过程

一、热身活动：快速投射（5 分钟）

师：今天的话题是“借我一双慧眼，用积极的眼光看生活”。你是一个积极关注的人吗？

我们先来做一个测试：老师每说一个词，请同学们快速说出自己的联想，无论形容词、动词还是名词。

冬天、门、英语、柳树、玫瑰……

(学生回应。)

师：生活中有一些人，听到夏天想到热，听到春天想到花粉过敏，总能让自己不开心。如果他有一双慧眼，能发现生活中的积极关注点，就可以过得更开心一些。

［设计意图］活跃气氛，调动学生参与的积极性。

二、集思广益：寻找积极关注点（10分钟）

师：什么是“积极关注点”？我给大家讲一个故事：

一次，罗斯福的家中被盗，丢失了许多东西。一位朋友闻讯，忙写信安慰他，劝他不必太在意。罗斯福给朋友回了一封信：“亲爱的朋友，谢谢你来安慰我，我现在很好，感谢生活。因为：

第一，贼偷去的是我的东西，而没伤害我的生命；

第二，贼只偷去我的部分东西，而不是全部；

第三，最值得庆幸的是，做贼的是他，而不是我。”

［指导语］刚才罗斯福已经给我们示范过，如何用积极的眼光看世界。请大家试着找到下列情境的积极关注点。

［案例］有一个高二女生，非常不听话，每次来上学不是早退就是迟到。老师批评她多次，她每次都是表面上答应得很好，转眼就该怎么样还怎么样。她还经常和别的同学吵架，有次吵架，隔着几米朝另外一个同学吐口水，结果正好吐在了那个同学碗里。

生1：她很有个性，还愿意来上学，有自己的想法，不随波逐流。

生2：她敢于反抗，没有采用暴力手段，而且准头很好。

师：如此让老师头疼的学生，在大家的努力下，竟也找到了这么多的闪光点。

［设计意图］通过两个事例，帮助学生从中找到可能存在的积极关注点，培养积极思维。

三、实战演习：用积极的眼光看生活（5分钟）

师：请大家集思广益，对下列具体事件进行积极的解读。

1. 我的衣服越来越紧。

生：说明学校的伙食还可以，你的生活条件还不错。

2. 今天我又被老师批评了。

生：老师对你还抱有希望，他是因为爱你、关心你，才会批评你。

3. 有时听到别人的话，感觉很刺耳。

生：说明你有的地方做得还不够好，需要反思和改进。

［设计意图］集思广益，引导学生从现实生活中找到可能存在的积极关注点。

四、反观自己：重构你的世界（15分钟）

师：请拿出课前准备好的小纸条，两人一组进行合作，重新解读。5分钟后，我们再来交流。

生1：曾经我有个同桌上课总是睡觉。重新的解读是：他没有扰乱同学，没有影响课堂秩序，其实也尊重了大家。另外，他选择在不喜欢的课堂上睡觉，也保证了喜欢的科目的学习效率，毕竟人家不是每科都睡觉；而且他困了就睡，醒了就做自己喜欢的事，活得轻松、自我、有主见，是一种令人羡慕的状态。

生2：有一次楼管阿姨晚上查寝时，有人说话，她错记了我的名字，于是我被老班罚跑了十圈。重新的解读是：我替这位同学背了锅，他会在内心感激我。

生3：有人在背后说我的坏话。重新的解读是：1. 他没有勇气和胆量当面对我说；2. 他害怕破坏我们之间的关系，所以选择在背后说；3. 他对我虽然有不满意的地方，但顾及彼此的面子不好当面发作，在背后发泄一下，这是他调节情绪的方式而已。

生4：我的父母常年在外打工，我总是一个人在家。现在我的解读是：他们的离开让我深刻体会到了孤独的滋味，我非常珍惜友谊，所以人缘还不错。这么多年，我学会了独立生活，我把自己照顾得很好。

师：只要拥有一双慧眼，你就能发现一些事情隐藏的真正价值。

［设计意图］推己及人，引导学生在自身经历的烦恼中找到可能存在的积极关注点。

五、再看生活：为你我点赞（5分钟）

师：拥有了一双积极关注的眼睛，你也会发现生活中有许多人和事是值得欣赏的。接下来，请你为自己或身边的人点赞，说说自己、家人、老师、同学值得欣赏的地方。

生1：上高中以来，老爸开始关注我的学习了。

生2：四年异地求学的经历，让我的独立生活能力越来越强了。

生3：班长很细心，乐于助人，总是在关键的时候给予我帮助。

生4：我交际能力不强，所以我可以有更多的时间来钻研自己喜欢的事。

［设计意图］引导学生在平凡的生活中发现自己和他人的闪光点。

［活动小结］拥有一双慧眼,大家就能看见生活中更多美好的、有价值的东西。

教学反思

一、实践心得

在“反观自己：重构你的世界”环节，如果教师能够适当自我暴露，不仅可以起到抛砖引玉的作用，而且还可以为学生的分享定好情感基调，避免学生嬉戏或起哄，对自己当下的困扰进行深刻的思考和真诚的分享。

在实际教学过程中，教师可以根据现场情况进行灵活调整，如“再看生活：为你我点赞”环节，可以作为一个备选方案，根据课堂进度选择使用或舍弃。

二、点滴建议

“反观自己：重构你的世界”环节，需要课前学生挑选自己当下的困扰。如果想省去课前准备环节，也可以尝试用“头脑风暴：另眼看抱怨”环节替换。该环节的设计意图是：让同学们运用头脑风暴，从某位同学的抱怨中寻找积极关注点。如下：请一位同学当众抱怨生活中的一些事情，大家仔细聆听并试着从这些事情中找到积极关注点或正向资源。为了挑选当众进行抱怨的学生，可以尝试在上课开场时用一个问句进行筛选："你对现在的生活满意吗？你的满意度是多少？"然后选择满意度相对低的同学。

第20课　情绪探索者

◎ 孙晓晓

教学背景 青少年的情绪和情感已趋向成熟和稳定，但与成人相比，又显得动荡不安。这一阶段，他们情绪高涨，容易激动，情感的内容愈加丰富、深刻，若能提高情感的自我调节和自我控制的能力，可使情感逐渐稳定。中学阶段是针对情绪表达、调节进行干预的重要时期，青少年因为生理快速发展，处于成人与儿童的转型过渡期，发展中存在很多不稳定性，对外在的感受过于敏感，情绪反应往往十分激烈，起伏较大，不会表达，或压抑，或狂躁，因此教会学生调控自我情绪的同时，教师需要帮助他们了解情绪理解能力在自我反思和人际交往中的作用，知道情绪是生活的助力而非阻力，任何情绪都有其存在价值。

教学目标

1. 让学生体验情绪对个体的影响。

2. 引导学生学习情绪 ABC 理论，帮助学生通过改变自我认识，主动调整消极情绪。

3. 让学生树立接纳消极情绪，主动调整消极情绪的意识。

教学重点 通过调整自我认识，主动调整消极情绪。

教学难点 让学生接纳消极情绪。

适合对象 高一到高三年级。

教学时间 40 分钟。

教学过程

师：大家好！请用一个词或简短的语言来描述一下自己最近的心情、感受或情绪。

情绪词汇：爽、开心、高兴、生气、激动、快乐、自卑、自负、自信、同情、紧张、寂寞、空虚、冷、孤独……

哪种情绪是你喜欢的？哪种你不喜欢？我们很喜欢积极的情绪，希望尽量不要遇到消极的情绪，可是生活中我们会经常遇到，就像大家说的喜怒哀乐。情绪是个复杂的东西，今天这节课我们做个情绪探索者，一起来认识一下情绪。首先，让我们通过一个游戏体验一下。

一、热身游戏：乌鸦与乌龟（5 分钟）

［材料］森林里有一座小小的城堡，里面住着可怕的巫婆和她的仆人乌鸦。突然有一天，天上飘来一片片乌云，转眼间就乌黑乌黑的，什么也看不见，不一会儿就下起了大雨。在狂风暴雨中，巫婆听见有人在敲门，开门一看，原来是一只乌龟，还有一只乌贼，它们要求巫婆让它们进屋，巫婆同意了，可是乌鸦不同意，因为乌龟是它多年的宿敌。雨越下越大，大家越吵越凶，乌贼指着乌云对巫婆说："雨这么大，乌鸦却不让我们进去，我和乌龟都会生病的，再不开门，我一定会让你的城堡变得乌烟瘴气。"最后，巫婆还是没有给它们开门。没多久，雨停了，太阳出来了，乌云也散了，巫婆和乌鸦这才打开门，看见乌龟已经冻得缩成一团。

［分组］请两位同学组成一组，面对面站好，选择角色，一个扮演乌龟，一个扮演乌鸦（可猜拳决定）。

［游戏规则］教师讲一个关于乌龟与乌鸦的小故事，当念到"乌龟"时，扮演乌龟的同学要用双手去夹对方的左手或右手，对方则把手甩向背后来躲避。念到"乌鸦"时则二人角色互换，即扮演乌鸦者用手去拍乌龟，乌龟设法躲避。只要碰到对方的手就算赢了一次。

［设计意图］调整课堂氛围的同时让学生体验不同的情绪。

［讨论与分享］

邀请学生讨论游戏中出现的各种情绪，加深他们对情绪的体验。

师：刚才玩游戏的时候，你有什么感觉？

生：开心、紧张、害怕。

师：如果在游戏中你被抓住了，你是什么感觉？

生：懊恼，也会觉得有点不开心。

师：如果你成功地躲开了，或者成功地抓住了对方，你是什么感觉？

生：觉得好险，同时很开心。

二、情绪平台（10 分钟）

师：刚才我们提到了很多不喜欢的词语，如紧张、压力、害怕……生活中，还有很多我们不喜欢的例如自卑、嫉妒、焦虑等不好的情绪，那么这些情绪对你的生活有什么影响呢？

1. 实验导入

美国生理学家艾尔马的实验：将人在不同情绪状态下呼出的气体收集在玻璃试管中，冷却后变成水，结果发现：

☆在心平气和状态下呼出的气体冷却后，水是澄清透明的。

☆在悲伤状态下呼出的气体冷却后，水中有白色沉淀。

☆在愤怒、生气状态下呼出的气体冷却后，将水注射到大白鼠身上，几分钟后大白鼠死亡。

由此认为，人在生气时的生理反应非常强烈，同时会分泌出许多有毒性的物质。

有人就说了，我也不想生气呀，可是生活中总会有很多事情让我特别不开心，那我该怎么办呢？

没有不好的情绪，只有不被尊重的情绪；没有可怕的情绪，只有缺乏了解的情绪。

我们总认为，一个人快乐不快乐是由某件事引起的，也就是说，一个人出现的某种情绪反应是由一定的事件引起的，它们之间存在着必然联系。

如果用 A（Activating-event）代表一定的诱发事件，C（Consequence）代表某种情绪，我们可以将这种逻辑关系表示为 A → C。

2．故事分享

实际上真的如此吗？分享一个故事：

老板要两名推销员去非洲推销鞋子。第一个推销员回来后很失望、沮丧；第二个推销员回来后却异常兴奋。你知道为什么吗？

第一个推销员回来说：“不行啊，非洲人不穿鞋子的，怎么推销得出去？”

第二个推销员回来说：“太好了！非洲人都没穿鞋子，这么大的市场还没有人占领。”

这个故事大家都知道，那为什么会有这样的差异呢？

生：每个人看待事情的角度不一样，心态不同。

师：对！同样地，生活中也经常会有这样的例子。分析一下：为什么同样的事情却产生了不同的情绪？

3．生活再现

甲、乙两个学生结伴同行，迎面走来了一位同班同学，两人向来者点头微笑示意，对方却好像视而不见，毫无反应地走了过去。甲很是生气，乙却很平和，好像什么都没发生过。

通过讨论，学生说明他们分析的情况。

生：两个学生之所以出现不同的情绪反应，是因为两人对同一事件的看法或评价不同。甲出现生气、埋怨的情绪，可能是他认为来者对自己的招呼不理会，是看不起自己的表现；乙很平和，是因为他站在对方的角度去考虑，对方不理自己可能是他心情不好，或者正在想事情，没有听到打招呼。

师：是的,对于同样一个事件 A,不同个体对该事件有不同认识、理解和评价，从而出现了不同的情绪反应 C。事件 A 与情绪 C 并非直接相关，而是有一个非常重要的中介因素在起作用，就是 B（Belief），也就是当事人本身对事件的看法、认识和评价。我们可以将这种逻辑关系表示为 A → B → C。

其实 B 才是产生情绪的关键，所以要改变情绪，首先要从改变 B 入手。B 可以让你很开心，也可以让你很失望，就看你如何选择。假设一种情况，你正在教室认真地做作业，突然从外面进来一个人，看见你就给了你一个耳光，当时你什么反应，（很生气，想打回去）可是他很高很壮，你尝试着回击，可是效果不大，你又被打了很多下。这次真的把你惹恼了，你叫来了你的小伙伴们，打算一起回击，可是他跑了。你气急败坏地追上去，他直接就跑到了学校南门，冲了出去。这时候你会怎么办？追上去，是的。可是这时候一辆120急救车停在了学校门口，下来一批人把他制止住，说："你这个病人怎么可以跑出来这么久呢？"这时候你是什么心情？无奈，同情，烦躁，倒霉……为什么同样一件事，前后自己的心情变化会这么大呢？我们改变了自己的想法、心态，认识到不一样的心态可以让自己舒服些。这就是著名的情绪ABC理论。

三、自助沙龙（20分钟）

师：刚刚为大家讲解了情绪ABC理论，现在你们思考一下：在这几个情境中，你会如何做呢？如何去调整自己对情境中问题的看法和评价，获得良好的情绪呢？

［多媒体显示］（5分钟）

情境一（自然环境给人的情绪带来的影响）：一个大雪纷飞的早晨，你正急匆匆地走在湿滑的雪地上。上坡的时候，由于着急赶路不小心失去重心，你结结实实地摔了一个跟头，弄得满身泥水，全身酸痛，最糟糕的是旁边好多同学都目睹了这一场面。大家笑声一片，自己感觉很尴尬。

情境二（他人的行为对情绪的影响）：午休时间，你准备与周公约会，可是同桌在旁边一直说话，让你心情很烦。

情境三（自己的行为对情绪的影响）：在一次比较重要的考试中，你擅长的科目考砸了，感到很窝火。

生1：劝自己，那都不是事儿，不就是摔了一跤，我没有受伤，还娱乐了别人。

生2：就当是娱乐活动，回忆了一下童年的快乐。

生3：同桌扰乱我休息，也是锻炼自己定力和耐性的好机会。

生：通过考试查漏补缺，提醒自己下次考试前要认真复习。

师：大家都非常聪明，有自己的想法和看问题的角度，换个角度思考我们会更快乐。

1. 嫉妒是正常的。

嫉妒告诉你自己想要的是什么，以及有多么想要！

2. 压抑是正常的。

压抑让你安全。忍一忍，至少当时你获得了安全，在你没有能力或者准备去应对那个冲突，压抑保护了你。

3. 愤怒是正常的。

当你压抑再压抑，你很难不愤怒。愤怒里包含着力量和自尊自重。能够愤怒的人都不会过于伤心，不会患忧郁症。

4. 悲伤是正常的。

不要去劝一个悲伤的人，让他尽情地悲伤，悲伤的尽头是接纳。悲伤包含着疗愈。陪着他，倾听他，看着他哭个够，就是对他最好的安慰和爱。

5. 无聊是正常的。

青少年是很容易感到无聊的，那其实代表了他们灵性的敏感，代表他们在意生命的价值和意义。青春期时的无聊感是一个被包裹的灯笼，如果他不急着跑出屋外，继续向内探索，他会发现包裹中的光，那是他接触自己此生使命的良机。

6. 感觉没劲是正常的。

你就有机会和内在真正的你见面，无聊或者感觉没劲，告诉你现在做的不是你要的，不是你适合的，你就可以开始寻找自己需要的。

7. 焦虑是正常的。

可以给你意义更深远的东西，它会告诉你哪里想错了，哪里有问题。你能深入了解你的焦虑，你就会看到你头脑里认知的偏差，把认知调整过来，你就会感到轻松平和。

四、收获背篓（5 分钟）

情绪是送信的客人，每一封信都来自我们的内心。如果你对客人能以礼相待，理解并应对好这封信，客人就会离开。相反，如果你关门不接待，这个客人就会一次次地不请自来，就像一个送快递的，怕你收不到而一趟趟送，因为你关着门，他怕你听不到就敲门、砸门甚至撞门，白天你不开门，他晚上再来——那就是你做梦的时候，你的理性下班以后。

如果你坚持回避情绪，你必将被打扰；如果你极力逃开情绪，你将会被追上。如果你囚禁它，我祈祷你囚禁不成功，因为一旦你成功了，身体就会不得不说话。身体是不会轻易说话的，而它一旦说话，那个话会重得多——身体说话的方式是生病，绝大多数的疾病都是因为情绪。所以，我祈祷你囚禁不成功。

教学反思

一、实践心得

1. 学生们普遍的态度是自己先寻找方法去解决，而不是放弃或等待老师讲解支招，充分说明学生自身也是很有力量的。所以，课堂效果取决于调动学生的程度。

2. 这节课安排的环节较多，但环节之间紧凑、逐层递进，在热身活动中感受自己在游戏中的情绪反应，让大家认识到情绪无处不在，并通过实验告诉大家，不同的情绪对人的影响也是不同的。这些都是为后期与学生共同探索情绪 ABC 理论做铺垫。“自助沙龙”环节学生参与性很好。

二、点滴建议

1. 将“自助沙龙”里的情境，以小情境剧场的形式，让学生表演出来，会更加直观，而且学生们会更有熟悉感。

2. 可以在“生活再现”环节，让学生将生活中的事情利用情绪 ABC 理论进行练习运用，通过练习增强学生对情绪 ABC 理论的认同。

第21课　越努力，越焦虑？

◎ 邢宇航

教学背景 心理学家埃里克森认为，青少年正处于“自我同一性”建立的关键期。这一阶段，个体的自我认同感相当重要。在班级管理以及教学过程中，一些学生反映，自己很努力了，但成绩却没有达到预期，经常处于焦虑状态。调查显示，这种现象不在少数。为了让学生能够更好地面对这种情绪，提升自我认同，故而设计本课。

教学目标

1. 了解引起焦虑的原因和努力的类别。
2. 寻找正确应对“因努力而焦虑”的方法。
3. 提升自我认同。

教学重点、难点 寻找正确应对焦虑的方法。

适合对象 七年级到高三年级。

教学时间 40 分钟。

课前准备 多媒体课件，眼罩。

教学过程

一、热身活动：穿针引线（3 分钟）

[活动体验]

请三名同学参与活动，每人分给一根线、五根针。

第一轮：每名同学分别将线从五根针中穿过，完成即可，不考虑时间多少。（教

师分别计时，三名同学全部完成后将每个人用时写在黑板上）

第二轮：三人比赛，速度慢的同学需要表演一个节目。

请三名同学分享自己两轮游戏的体验。

［设计意图］制造焦虑情境，让学生体验焦虑。老师可以刻意让台下的同学制造紧张氛围，让两位志愿者更加焦虑。

二、导入主题（5分钟）

挑选两名志愿者参加活动。开始阶段，限时30秒穿4根针，让学生产生焦虑。引导学生制定具体目标时，先让学生自己说30秒能穿多少根针，然后开始实践，预期和结果进行对比，强化他们细化目标的意识。最后30秒穿一根，轻松穿过，让学生体验实现小目标的快乐。

师：感谢刚才两位同学的参与，那么，我想采访一下这两位同学，在刚才的穿针过程中，你们是什么样的状态？

生1：很紧张，越想快点完成，手就抖得越厉害。

生2：还好，我没有在意他们的干扰。

师：好，谢谢两位的参与。那么大家平时有没有体验过越努力越焦虑呀？

生：有。

师：什么情况下呢？

生1：考试的时候。

生2：遇到不会的题的时候。

生3：学不进去的时候。

…………

师：大家说得非常好，接下来，我们看一些现象：

1. 最近很努力，状态也不错，却更害怕下次考不好；

2. 最近写作业，总觉得效率不如别人；

3. 看到别人学习很有条理就很慌张；

4. 自己到学校够早了，发现别人比自己还早，心里很慌；

5. 一直很努力，但是成绩一直没有起色。

师：大家遇到过这样的情况吗?

生：遇到过。

师：那么，为什么我们努力了，甚至很忙碌，却又会感到焦虑呢? 接下来，给大家三分钟的讨论时间，探讨一下原因。每个小组至少总结出三条，待会儿分享给大家。

三、剖析原因（10 分钟）

师：时间到，哪个小组愿意来分享一下?

生 1：好高骛远，缺乏信心。

生 2：之前没有成功过。

生 3：把成绩看得太重，太注重成果，期望过大。

生 4：急于求成，怕被说成假学习。

生 5：越努力，就越觉得自己学得不够深。

生 6：害怕努力之后，反而会失败。

生 7：有些人不努力成绩都很好，自己努力了，成绩反而不好。

师：大家分析得非常好，把我想说的都说出来了，而且还有很多新的想法，非常好。我展示一下我的个人观点：

1. 迷茫——没有明确的目标。

2. 认知——付出必须要有回报。

3. 变现——持之以恒付出的努力，难以快速变现。

4. 对象——比较的对象有偏差。

5. 恐惧——害怕落后。

6. 视野——视野更加开阔，目标更高，反而会更焦虑。

师：正因为我们顾虑得太多，所以我们会经常处于一种比较慌乱、焦虑的状态。刚才我们分析了原因，但是我们似乎忽略了一点，“我们付出的努力都是一样的吗?”

生（异口同声）：不一样。

师：为什么呢？或者大家觉得“努力”有哪几种类型呢？给大家2分钟时间来讨论。

生1：自觉努力，就是自己愿意的努力；被动努力，就是自己被迫的努力。

生2：攀比努力，就是不想被别人比下去。

生3：目标比较明确的努力和迷迷糊糊的努力。

师：确实，努力是有程度之分的，这也是让我们产生焦虑的原因之一。它包含三种情况：1. 为了明确的目标而努力；2. 为了努力而努力；3. 为了“努力的感觉”而努力。

四、强化延伸（7分钟）

师：接下来，我们进行一个小活动，让大家更直观地认识到你们刚才分享的观点。我需要两位志愿者，愿意的同学，抓紧时间跑上讲台。

［活动规则］两人PK，一个人戴眼罩，一个人不带眼罩。

任务1：终点目标为一个固定物，两人都看过确认后，比赛开始，先拿到的获胜。

任务2：两人都背对目标物，不能提前看目标物，放置好后，马上开始，先拿到的获胜。

挑战结束后，对参与的两位同学进行采访。

师：我想先采访一下没有戴眼罩的同学，刚才感觉怎么样？

生：很轻松。

师：那你感觉哪一轮简单一点？为什么？

生：第一轮，因为有一个明确的目标物。

师：第二轮呢？

生：第二轮有点迷茫，不知道在哪里，但好在能看见，很快就找到了。

师：好，谢谢你。接下来，我想问一下戴眼罩的同学，这两轮什么感觉？

生：有点害怕，怕磕到桌子，而且看不到目标，有点想放弃。

师：哪一轮想放弃？为什么？

生：第二轮，因为第二轮从一开始就不知道目标物在哪儿，第一轮最起码知道目标物的大概方向。

师：谢谢两位同学的分享，请回到自己的位置上。同时，请大家把掌声送给他们。

师：在刚才的活动中，大家有什么想分享的呢？

生 1：目标很重要！

生 2：眼罩可能是我们会遇到的障碍或者消极情绪吧。

生 3：有明确的目标，最起码有一个大概的方向，即使遇到一些障碍也能继续向前；如果没有目标，还戴着眼罩，可能我就真的要放弃了。

师：你们也间接回答了最后一个问题，就是如何应对因努力而带来的焦虑？

［设计意图］ 让学生明白明确的目标会让自己更有方向，缓解焦虑。

五、应对方法（15 分钟）

师：接下来给大家 3 分钟时间来讨论，尝试找出应对焦虑的方法。

生 1：学习一定要有明确的目标，而不是假学习。

生 2：要坚强一些。

生 3：不要放弃，要细化目标。

生 4：接纳自己。

生 5：别想那么多，别管别人怎么说，先做好现在的事情。

师：大家说得非常好。首先，要接纳自己。举个例子，当你周围有同学哭了，你如何用语言来安慰他？

生：你别哭了！（有同学哄笑）

师：合适吗？哭本身是对情绪的一种……？

生：宣泄！（大部分学生齐声道）

师：非常好，所以当我们焦虑的时候，首先要接纳自己的焦虑情绪，然后要有明确的目标。刚才的活动，已经非常直观地呈现给大家了。再有，就是要有合理的参照对象。举个例子，现在我是年级成绩排在 1000 名左右的学生，我应该选择多少名的同学当参照对象？

生 1：1000 名（其他同学说：太低了，就不用上进了）。

生 2：500 名（其他同学说：太高了，不容易达到，更会焦虑了）。

生 3：850 名左右。

师：你们认同哪一种呢？

生：850 名左右。

师：对，就是这样。在我们的努力之下，实现的概率比较大。最后，就是像刚才那位同学说的，关注自己，活在当下。

［活动总结］1. 接受已经产生的焦虑；2. 树立明确的目标；3. 选择合理的参照对象；4. 活在当下，关注自己。

师：今天的课就到这里，大家今天参与得非常好，把掌声送给自己，好吗？

生：好！

师：最后，送给大家三句话：活在过去的人最忧伤，活在当下的人最快乐，活在未来的人最焦虑。

教学反思

一、创意亮点

热身活动“穿针引线”和延伸强化活动“蒙眼寻物”都是原创活动，既提高了学生参与的积极性，又加深了学生的印象，效果良好。

二、实践心得

1. 因为我的上课风格一直比较轻松、幽默，所以学生参与度很高，而且这个话题很贴近学生实际情况，他们分享得也比较积极。

2. 应对方法其实是建立在前面几个环节的基础上，前面的环节中，学生分享得比较好，那么就应该继续让学生分享下去。但是，我在最后应对方法这个环节，介入过多，这是需要调整的。

第22课　亲爱的小黑

——与内心的恐惧和解

◎ 王秋霞

教学背景 当人们在生活中面临未知和不确定时，内心会有一些担心或者害怕。青少年在成长的过程中遇到一些挑战，同样会有一些胆怯、畏惧，为了维护在同伴面前的形象，不敢勇敢尝试，错失了成长的机会。如学生在课堂上明明有想法却不敢分享，因为种种顾虑不敢向老师问问题，上课回答问题时紧张，重要考试前紧张，当众发言时紧张等。基于这些情况，本节课我们设计了关于恐惧的话题。

教学目标

1. 了解恐惧情绪的价值。
2. 重新解读恐惧，理解情绪的正面动机。
3. 以正确的态度对待恐惧情绪，勇敢前行。

教学重点 了解恐惧情绪的价值，重新解读恐惧。

教学难点 以正确的态度对待恐惧情绪，勇敢前行。

适合对象 高一至高三年级。

教学时间 40 分钟。

课前准备 *Fears* 视频，若干信纸。

教学过程

一、热身活动：大风吹（5 分钟）

［活动规则］听到老师说“大风吹”，同学们回答“吹什么”；听到老师说出一个特征后，符合这种特征的人起立。（大风吹参考内容：害怕被老师提问，害

怕班主任，害怕出错，害怕让父母担心失望，害怕被朋友误解，害怕和别人发生冲突……）

师：既然生活中有这么多的害怕和担心，那我们就来聊一聊这个话题。

多媒体课件呈现标题：《亲爱的小黑——与内心的恐惧和解》。

师：老师暂且用一个可爱的小黑来替代生活中不同程度的恐惧，今天我们这节课的内容是“亲爱的小黑——与内心的恐惧和解”。

［设计意图］ 活跃气氛，对学生展开小调查，了解情况，并引出课题。

二、主题活动（35 分钟）

活动一：盘点 *Fears*（5 分钟）

播放视频 *Fears*，并提醒学生在欣赏过程中注意，小黑何时出现？它的出现起到了什么作用？

生：小黑出现在电梯里、“小强”出现时、演讲时、马路上，有破坏，也有保护作用。

师：你的小黑何时会出现？请将它们罗列在纸上。

师：（采访一位同学）请你分享一下。

生：一个人走很黑的夜路时、和同学有矛盾的时候、不被理解的时候、重大考试前、被老师提问时都会出现。

师：小黑的出现除了让你不舒服，它有什么价值呢？

学生摇头。

［设计意图］ 实现问题外化，将情绪和人分开，帮助学生梳理自己的恐惧事件。

活动二：小黑的价值（10 分钟）

师：我们通过一个实验来找一找小黑的价值。我想邀请一位同学到讲台上做 5 分钟的自我介绍，给大家隆重介绍一下。谁愿意？请举手。

学生集体沉默。

师：此时此刻，我猜每个人的小黑都出现了，是吗？

生：是的。

师：（采访一位同学）你的小黑为何出现了？

生：担心讲不好，怕别人的眼光，怕被嘲笑。

师：这些担忧的背后，正面的动机是什么？

生：想要维护美好的形象，得到别人的尊重、认可，想要表现得更完美、更优秀。

师：好，小黑的正面动机是让你看见自己想要做得更好，得到认可。如果自我介绍推迟到下节课，你愿意接受我的邀请吗？

生：愿意。

师：下节课你的小黑就不会出现了吗？

生：会，因为有小黑，所以我会好好准备的。

师：很好，这就是小黑的价值：它的出现能引起你的重视，让你做更充分的准备。

［教师总结］通过刚才的示范，我们已经了解到，当要求你自我介绍时，小黑出现了，它的正面动机是让你看见自己的愿望——想做得更好，它的价值是督促你更努力，做更充分的准备。下面两人一组，针对刚才纸上的盘点，寻找彼此小黑的价值和正面动机，5 分钟后分享。

生 1：怕别人不了解自己。动机：我想要别人了解自己,希望和别人建立关系，找到归属感和存在感；价值：提醒我要主动，多和别人沟通。

生 2：面对很多人演讲、朗诵时紧张。动机：我想让别人都欣赏我，想做得更完美；价值：小黑的存在让我珍惜每一次当众表达的机会，我要注重表达技巧和调整心态。

生 3：怕和朋友闹矛盾。动机：我很看重朋友之间的关系，怕矛盾产生后不知如何收场，小黑提醒我要找到更好的方法去解决。

［设计意图］通过现场真实情境的演绎，寻找恐惧的价值和意义。

活动三：写给小黑的信（15 分钟）

师：小黑是带着使命来的，请你不要一味地躲避它，如果你愿意去看它，试着跟它对话，也许就能跟它和解，跟它和睦相处。

多媒体课件展示格式：“亲爱的小黑，我想对你说……”

师：我邀请你用自己的语言和方式与小黑对话，或者按照这个参考格式和它交流。我们用 7 分钟来完成这个活动。

在轻音乐的旋律中，学生开始书写。

生 1：小黑，感谢这么多年你一直陪着我，使我不断进步，不断向前。希望你以后继续督促我，使我更加勇敢。以后当我做自己想做的事情时，请你不要拖着我，相信我们可以友好相处。

生 2：亲爱的小黑，你的出现会伴随我的泪水，每一次我都在心里告诉自己，你要学会坚强面对一切，似乎我做得并不太好。我知道每一次恐惧来临，都是为了让我变得更强大，促使我成长为更完美的自己。在今后的岁月里，我还会害怕和流泪，但我会越来越坚强，越来越好。

师：为了感谢大家的真诚，老师也来分享一下自己的信：亲爱的小黑，你是个顽皮的精灵。每当我想突破自己时，你就出来捣乱。我总想快点把你赶走，你却缠着我闹得更欢了。后来我对你说，我看到你了，你自己慢慢玩吧……当我不再关注你而开始专心做事的时候，你竟然悄悄走掉了。我终于知道，你的到来是为了让我重视，给我提醒。这份礼物我收到了，我会因为你的存在而更加努力。谢谢你！我知道你时常还会回来，让我看到你。所以，我允许你在我身边自由玩耍，我们都是自由的。

［设计意图］帮助学生重新检视自己与恐惧的关系；学习理性面对恐惧，试着与它和解。

活动四：感悟分享（5 分钟）

师：大家今天的收获是不一样的。下面请用一句话，总结你今天的感悟或感受。

生 1：以前遇到事情，除了紧张害怕，也会自责、内疚，觉得自己太胆怯，不够勇敢。今天小黑让我觉得恐惧就像一位隐形朋友，它是带着成长礼物来的，你如果拒绝它，它就会捣乱，你只有收下它的礼物，它才会悄悄离开。

生 2：以前我的小黑经常出现，我经常被它吓到，以后我会征服它，我会做得越来越好。

［设计意图］ 让学生梳理、交流与碰撞感受和感悟，检测课堂效果。

［结束语］ 以前小黑出现的时候，我们总想着要去消灭它，但是今天我想传递一个信息：小黑是带着使命而来，当它出现时，请你看看它，聆听它，如果可以，请你带着它继续往前走。因为真正的勇敢是带着恐惧前行，成长的声音，你自己一定能够听见。

教学反思

一、创意亮点

1. 借助“小黑”，将人和问题分开。视频 *Fears* 是问题外化技术的创意呈现，我巧妙借用视频，将情绪具象化、拟人化，把问题和人分开。

2. 采用外化提问，降低学生防御。我在平行班做过比较，以“你什么时候会害怕，会恐惧”的提问，直接让学生分享恐惧事件，会引起学生心理防御，分享较浮浅，如怕黑暗、怕老鼠、怕迟到等；以问题外化的问话“你的小黑什么时候会出来捣乱”来引导，学生的心态较放松，深入分享人际、自我设限等。

3. 通过写信的方式引导学生自我对话。让学生给自己的小黑写信，增强了学生面对问题的意愿。学生通过对话，能重新检视自己与恐惧的关系，与它达成和解。

二、实践反思

我将问题外化技术引入课堂，来处理负面情绪具有显著的效果。把情绪看作是独立于自我的另一个“生命”，帮助学生站在外部的视角重新审视现实，能够相对客观和冷静地处理情绪。从课堂效果来看，顺利实现了三个目标。

1. 让学生体验到自己和问题是分开的。我借助视频和“你的小黑何时出现”，实现了学生和情绪的剥离。一个学生说：“太神奇了，以前觉得恐惧一直在我身体里，根本无法摆脱，好像它完全控制了我。我从来没有想到，还可以把小黑和我分开，这样轻松多了。”

2. 能帮助学生缓解压力，重新审视问题。问题和人分开后，学生能较轻松地谈论自己的问题。以“恐惧像一位朋友，现在它来了”的想法代替“我很恐惧，我是一个胆怯的人”，这种转变缓解了学生的压力。问题外化除了减轻学生的脆弱感、挫败感和自责，也能帮助学生站在客观的角度看问题。

3. 让学生理性面对问题，增强改变的信心。从学生给小黑的信中可以看出，学生对它的态度变得理性，不再是一味地排斥。有个男生写道：“你能压倒我，也能造就我。我的人生模式是困难模式，经过风吹雨打，才能练就一个硬汉子。让暴风雨来得更猛烈些吧！我要变得更好，所以我需要你！”

三、点滴建议

问题外化也适合其他负面情绪的辅导。

1. 让学生给负面情绪画像，并命名。画画过程本身也是一种情绪表达，可以凸显问题，也能起到觉察和自我疗愈的作用。

2. 帮助学生寻找例外经验。教师可以这样引导：“哪一次你没有（或比较不会）受到小黑的影响？哪一次是因为外在环境的改变，还是你自己的作用？”学生通过回忆成功经验，增强解决问题的信心。

升学择业与人生规划

培养职业规划意识，在充分了解自己的兴趣、能力、性格、特长和社会需要的基础上，确立自己的职业志向，进行升学就业的选择和准备。

第23课　目标成就未来

◎ 商林芳

教学背景 高三距离高考越来越近，学生进入复习阶段，剩下几个月，短暂又漫长。日复一日，高三学生辗转在高中三年的知识海洋中，很多学生满怀希冀又尚未准备充分，紧张而茫然。这节课旨在帮助学生对当前自身状况进行反思，规划未来蓝图，激发动机，坚定信念，制订具体可行的目标计划。

教学目标

1. 掌握制定目标的注意事项。

2. 确定自己的目标，并对目标进行分析。

3. 树立目标意识，激发学习动机。

教学重点 学生能够合理制订目标。

教学难点 学生能够根据目标制订计划，指导行动。

适合对象 高三年级。

教学时间 40 分钟。

课前准备 多媒体课件。

教学过程

一、热身活动：盲人画像（10 分钟）

［活动规则］第一轮作画，每个人在纸上画一个没有五官的脸庞。现在闭上眼睛，先画一对眉毛，再画两只眼睛，画鼻子、嘴巴，最后是耳朵，如果可以了，再画上头发。第二轮作画，睁着眼睛画个没有鼻子的自画像，再闭上眼睛将鼻子

画出来。第三轮作画，请大家睁着眼睛画个完整的自画像。

师：首先，我们一起来玩“盲人画像”的游戏。听我口令。

生：五官很多跑掉了……（找一位同学展示作品）

师：然后，请睁着眼睛画个没有鼻子的自画像，闭上眼睛，请将鼻子画出来。睁开眼睛，再看看这次的效果，跟上次比怎么样？

生：我画得还不错，不过位置不够精确，大小也掌握得不好。（找一位同学展示作品）

师：最后，请大家睁着眼睛画个完整的自画像。这次自画像和前两次比怎么样？

生：睁着眼睛完全没挑战，画得精确又漂亮！（找两位同学展示作品）

师：这三次作画，你有什么启发？

生 1：目标清晰很重要！

生 2：目标要具体！

师：是的。显然锁定一个部位比多个部位要好画一些。闭着眼睛画和睁着眼睛画区别很大，后者明显比前者好看，这就是我们今天要讨论的主题“目标成就未来”。

［设计意图］游戏导入，激发学生的兴趣，活跃课堂氛围，引入目标主题。

二、畅想未来（20 分钟）

1. 生涯地图说明书（5 分钟）

师：我们的一生就像在人生蓝图上作画，目标明确清晰，这幅画就会画得好！下面我们思考一下，你理想中的人生蓝图是什么样子的？高考后，你是工作还是继续上学读书？

生：肯定是读书呀！

师：明年九月你会在哪里上大学？

生：我想上南京大学！

师：不同的人生阶段有不同的目标……这里是一些同学的生涯规划地图，我

们一起来看看。(图略)

师：看完后，你有什么感受?

生 1：人生可以这么丰富!

生 2：我们要回忆过去，思考现在，展望未来。

［设计意图］为学生提供范例，启发学生思考个人的生涯地图。

2. 我的生涯地图（15 分钟）

师：刚才给大家展示了他人的生涯地图，现在请各位思考一下自己的生涯地图。请各位跟着活动规则做。

［活动规则］

第一步：在纸张合适的位置上写：××× 的生涯地图。

第二步：画出时间轴并标出现在的年龄位置。

第三步：回忆过去，在时间轴的上方标出有积极影响的重要事件，在时间轴的下方标出有消极影响的重要事件。

第四步：重点放在展望未来，标出自己想要达到的最高目标及大概年龄，以及想要实现的诸多梦想的时间，或者未来遇到的一些机遇或挫折（积极在上、消极在下）。

生 1：亲人去世让我很伤心。我喜欢旅行，希望未来能够走遍中国、走遍世界。

生 2：我希望成为一名作家，能够创作出好的作品。

生 3：我希望未来成为房地产开发商，挣很多钱。

师：听了大家的分享，有种坐着哆啦 A 梦的时空穿梭机在时光隧道中穿行的感觉，忽地一下回到过去，忽地一下到了未来，又忽地一下回到当下。你的过去、现在、未来有什么关联?

生 1：因为过去的努力，考上了一中，现在还要继续努力，才能考上理想的大学。

生 2：心若向阳，春暖花开，我觉得无论什么时候都要永葆积极心态，相信自己能变得更好。

生3：为了家人，自己要更加努力，不辜负他们的期望。

师：感谢同学们的精彩分享，我们在作画时找到了向上的能量，激励着我们做好当下，展望未来。

［设计意图］学生在绘制和分享的过程中汲取正能量，树立积极心态，关注当下，展望未来。

三、我的九宫格（9分钟）

师：如何做好当下促进我们的行动呢？接下来我们运用九宫格对当下自我进行剖析和指导。

［活动规则］核心是你想成为什么样的人，周边填上你需要具备的条件，比如核心是身体健康，周边填上运动、吃好、睡好、注意卫生……

师：请同学们以“学习”为主题填写九宫格，比如一个科目分析、学习习惯、学习困难等，可以是文字表述，也可以绘画表达。当然，除了学习，还可以对你的其他目标进行九宫格分析。

老师在下面走动跟学生交流，并对其进行指导。

［设计意图］帮助学生进行自我剖析，明晰个人的具体目标。

四、结束语（1分钟）

通过这节课，希望同学们找到努力前行的动力，拥有向上的力量，如果目标合理、具体、清晰，加上自我督促、定期核查，相信你的未来不是梦！

教学反思

一、创意亮点

1. 热身活动“盲人画像”时，通过三次作画对比不同的结果，激起学生兴趣，能收到人人参与的效果，活跃课堂氛围的同时引发学生思考。

2. “盲人画像”与“我的生涯地图”，同属作画，衔接自然。

3. 从动力的角度来探索“目标”，让“目标”话题在学生心中活起来。

4. 分析目标的九宫格对学生来说具有新鲜感。

二、实践心得

关于课堂导入，从单一的画鼻子活动，到哈佛大学的目标跟踪调查研究，再到“盲人画像”，我改动了三次，但是效果却不相同。单一的画鼻子太简单，学生懒得参与；跟踪调查太枯燥，学生总跑神；“盲人画像”激发了学生兴趣，学生乐在其中。

学生接受了太多的目标教育，这个话题在他们心中早已是老生常谈，在内心泛不起一点涟漪。大道理学生都懂，通过体验唤醒他们很有必要。在“我的生涯地图”分享环节，学生分享事件，老师要善于把握要点，激发学生的兴趣。

三、点滴建议

学生在进行生涯地图的分享时，即便学生分享的是消极事件，老师也要积极关注事件所带来的正能量，将其与学生的当下和未来连接。此外，生涯地图根据学生的想法进行适当的调整。

第24课 个性名片，独特自我

◎ 王秋霞

教学背景 表达性艺术疗法借助音乐、心理剧、角色扮演、游戏、绘画、舞蹈、沙盘等艺术途径，以非言语的沟通技巧作为表达媒介，释放被言语所压抑的情感经验或困扰，帮助当事人对不同的刺激有正确反应。表达性艺术治疗的魅力在于，它不仅可以表情达意，将个体内心的情绪或意念表现在作品上，还能减少心理防御，促进自我表露、自我觉察、自我整合，启发更多的想象及灵感，促进创造力及洞察力的产生。该课例旨在帮助学生审视自己的职业规划，认识与欣赏自己的独特性。通过创意名片与现实连接，调动学生的情绪体验，并将这种情绪体验意识化、清晰化，帮助学生对未来美好愿景的意象进行强化，增强行动的信心。

教学目标

1. 了解、欣赏自己和同学的独特性。
2. 了解自己的性格特点，了解初步的职业规划。
3. 思考现在能为将来做哪些准备。

教学重点 了解、欣赏自己和同学的独特性。

教学难点 初步规划未来职业，思考现在能为将来做哪些准备。

适合对象 小学高年级至高三年级。

教学时间 40 分钟。

课前准备 快拍仪，A4 纸和彩笔若干，并让学生提前思考以下问题：

1. 15 年后你可能从事的职业是什么？

2. 用图案或符号画出你的名字和未来职业，你会怎么画？

3. 你职业选择的理由是什么？（什么样的性格特点或原因，促使你选择这个职业）现在的你，可以为将来做哪些具体的准备？

4. 你是谁？目前具有哪些优势？还想具备哪些特点？如何朝着这个方向改进？

教学过程

师：在上课之前，我先邀请大家玩一个游戏。游戏的过程中，请你体察一下，在游戏中你是一个什么样的人？

一、热身活动：精灵舞动（5 分钟）

[活动规则]

1. 听老师口令做相应动作：眨眨眼睛，挥挥翅膀，扭扭屁股。（教师示范动作要夸张，幅度要大，指挥时语言要有激情和感染力，在整个活动中和学生一起做）

2. 一段舞动后，老师说一个特征，符合此特征者，请拍拍手掌。

举例“善良的”——所有认为自己善良的人请拍拍手掌。（可用的特征词：有爱心、勇敢、愿意尝试、热情、爱交朋友、愿意帮助别人等积极词语）

[活动小结] 在活动中，你是放得开的，还是拘谨、羞涩的？你是积极主动的，还是观望、旁观的？

师：好，为了更深入地了解现在的你和未来的你，接下来，我们进入今天的主题“个性名片，独特自我”。大家一定非常关心名片在哪里，不着急，它马上会在你的手中诞生。

[设计意图] 活跃气氛，启动团体动力，并引出主题。

二、主题活动（35 分钟）

活动一：创意名片（10 分钟）

A4 纸，横向对折。用符号或图案，左边画名字，右边画 15 年后可能从事的职业。不能用汉字或字母。画完后右下角写上名字+职业。时间5分钟，不能出现汉字和字母。

师：有些同学已经迫不及待地想和别人交流，接下来的3D展台，能满足你的好奇心。

［设计意图］以创意名片的制作为载体，发挥学生的主观创造性，将未来职业的愿景以图画的形式呈现在纸上，引导学生进行未来职业规划。

活动二：3D展台（15分钟）

1. 小组交流6分钟，每组推荐1张名片进行展示。

2. 学生分享。（备注：听的同学如果出现跑神，可及时引导）

师：我对大家有两个要求：一是请你认真地倾听名片主人的分享；二是请你思考一下，我采访他的所有问题，你的答案是什么？

师：刚才5位同学和我们分享了他们的名片，你最欣赏哪一张？你认为谁的名片最独特？——其实，最值得你欣赏的名片，摆在你面前，就像你本人，因为它是独一无二的。请大家重新欣赏一下自己的名片。

［设计意图］小组内交流，为每个学生提供发言机会，分享的过程中实现第一次交流和碰撞；学生在班级公开分享的过程中，教师通过适当提问，帮助同学们进行深入的思考。

活动三：心灵冥想（7分钟）

师：好，请大家把名片合上。我请大家欣赏一段音乐，同时请你调整一下，以最舒服的姿势坐在椅子里。好，很好，现在请你轻轻地闭上眼睛，把注意力集中在呼吸上，慢慢地吸气、吐气，你会感觉到自己慢慢地放松下来。

现在，请你进入自己的内心深处，给自己一个欣赏的信号。

刚才你的个性名片，是唯一的，值得欣赏。而你更是独一无二的，没有人和你完全相同，就算你的父母和兄弟姐妹，和你有很多的相似，但仍有很大的区别。你是独特的，所以你值得欣赏，值得尊重。

你拥有上天赋予人的一切根基，你健康、快乐，你拥有创意。

你有爱自己和爱别人的能力，你更有选择的能力和自由。

你对未来充满了期待，带着这份执着和坚定，经过15年的努力和奋斗，你终于实现了你的愿望；此时的你，对现在的生活状态非常满意；你有自己喜欢的工作，有和睦相处的工作伙伴，有一群志趣相投的朋友，有爱你的和你爱的家人；你能够给周围的人带来幸福和快乐，他们会因为你的存在而感到幸福。请内心充满了愉悦的你和未来的你静静地待在一起，体验一下这种幸福的感觉。

看着未来的自己，告诉他，你愿意为他做一些行动和准备。从现在开始，你会做些什么呢？

相信这些努力和付出，能让你和理想中的自己越来越接近。

带着这份力量和信心，请慢慢睁开你的眼睛。看看周围的同学，尽管你们穿着同样的校服，你依然发现，包括你自己在内，每一个人都是独特的，值得欣赏，值得尊重。

师：刚才，哪一句话或哪一点最触动你？

生1：每一个人都是独特的，值得尊重，值得欣赏。

生2：让未来的自己感谢现在的我。

师：很好，美好的时间总是过得很快。在今天的活动中，无论是刚才的冥想，还是之前的名片创作、热身游戏，我相信每一个人都会有不同的发现，有不一样的感受。下面请大家畅所欲言，尽情地分享一下，此时此刻你内心的想法和真实感受。

［设计意图］引导学生欣赏自己的名片，接纳、欣赏自己的独特性、发展性，通过冥想强化学生对未来美好职业的向往，增强学生为之努力的自信和决心。

活动四：畅所欲言（3分钟）

师：现在，让话筒在同学中间自由地传递，请你用最简洁的语言表达，哪怕是一个词、一个短语或一句话都可以。只要是你真实的想法，请你大声地说出来，让自己的声音在这个讲台上高过一切杂音。

生 1：进入高中以来，我一直很努力，但是还是经历了一次次的打击，这一段时间我甚至开始怀疑自己的能力。今天的课让我觉得自己很重要，我还是应该相信自己，因为我是独一无二的，没有人能替代我，我要为自己的未来负责。

师：你说得很好，我也坚信，任何时候只要希望还在，就要继续坚持下去。

生 2：我要为未来的自己做更好的准备。

师：能具体说一下吗？

生 2：认真写完每天的作业。

生 3：我其实在课堂上一直都很紧张，身体在发抖，甚至没办法往下面看，更不敢把同学们想象成萝卜白菜。

师：其实老师和你一样紧张，毕竟这样的场合，我们很少经历过。但你能够站起来发言，这就是一次突破。此时此刻，你绝对是勇敢的，应该感到自豪。此时此刻，你想说些什么？

生 3：我站起来发言，就是想挑战一下自己。我想说，我是独一无二的，我要做得更好。

［设计意图］ 引导学生整理、分享体验和感悟，实现交流与碰撞。

［结束语］ 送给大家一句话：每一个人都是独一无二的，值得尊重、值得欣赏，值得拥有美好的未来。谢谢大家的积极参与和真诚分享！

教学反思

一、实践心得

我在实践中发现，单单是提前让学生秘密设计好名片，课堂上依次呈现每一张名片让学生来进行“猜猜我是谁”，就足以让学生获得很多感慨。他们在课堂上分享了一些感受，如：紧张学习生活中因为有心理课而感到放松；方法总比问题多，很有成就感；高手在民间；我们彼此竟然如此熟悉和默契，我很感动；自以为表达充分了≠对方 100% 接收到了，反馈和求证很重要；慎重规划的时候到了；接纳、欣赏自己是最重要的……

为了保障课堂目标，为了避免部分学生停留在消遣娱乐上，喧宾夺主，教师的课堂设计初衷要明确告知学生，定好分享名片的基调，提醒学生倾听和思考。

综上所述，如何提高中学生在心理活动课上的参与度，更好地创设活动情境，让学生更走心，借用创意名片是运用表达性艺术疗法的有效途径，当然我们还可以进行更多的探索。

二、点滴建议

1. 学生在名片交流时，教师在巡视的同时，要提醒同学们把分享者的名字写在黑板上。

2. 对学生的兴趣、爱好和未来的职业进行引导，更加接地气。学生分享名片时，教师可以引导方向：A. 你有哪些优势？有哪些性格特点？或者什么原因促使你选择这个职业？B. 这张名片，你最满意的地方在哪儿？C. 生活中，你觉得自己是个什么样的人？你对自己最满意、最欣赏的地方是什么？你还想在哪些方面完善自己？

第25课　迎头直上

◎ 张凯丽

教学背景 挫折包含三个方面的含义：一是挫折情境，二是挫折认知，三是挫折反应。高中阶段学生会遇到很多挑战，基于主观经验，很容易放弃，不利于培养应对困难挑战的能力，也会对未来的成长产生负面影响。因此需要培养学生勇于挑战的品质以及应对挫折的能力。

教学目标

1. 借助“弹脑门事件”发现退缩的原因。
2. 寻找例外事件，寻找应对方法。
3. 肯定自身的力量，增强应对挑战的信心与勇气。

教学重点 对“弹脑门事件”重新思考，发现应对方法。

教学难点 引导学生积极寻找“弹脑门事件”。

适合对象 七年级到高三年级。

教学时间 40 分钟。

课前准备 视频片段。

教学过程

一、导入游戏：弹脑门（8 分钟）

［活动规则］同桌两人组合，通过“剪刀石头布”的输赢决定谁来弹脑门，谁来顶脑门。

师：弹脑门的时候，你会是什么反应呢？

生：躲开，不让他弹到。

师：很好，大家都说了自己的真实反应，更多的是避开这个“弹脑门”。为什么不迎上去，顶一下呢？

绝大多数学生都有些疑惑和不解，还有一些同学很兴奋，在尝试。

师：既然大家很疑惑，那就两人组合试一下，看看弹脑门来临时，躲一下会怎么样？迎上去又会如何？

活动后，请学生分享游戏体验和感受。

生：我们俩试了好几种，一次是我完全躲开了弹脑门，很刺激也很兴奋；还有一次是没躲开，被弹到了，超级疼；后来我试了一下，往前顶一下，竟然没有想象中的那么疼。

师：游戏后发现，当脑门无法避开的时候，也许迎头直上才是最好的选择。但是开始大家都不会这么做，为什么？

生 1：刚开始太想当然了，以前都是往后躲一下，所以这次也是。没想到试了一下才发现原来凑上去更好。

生 2：之前没试过，因为未知所以畏惧，有点害怕就不想尝试。

［教师总结］ 很多时候，基于过往经验或者因为未知，当手指弹过来的时候，我们会下意识地躲开，但其实迎头直上才是最佳选择！

［设计意图］ 用“弹脑门”这个日常小游戏热身，活跃了课堂气氛，同时引出主题“迎头直上”。

二、生活大搜查（15 分钟）

师：生活和学习中遇到挑战和困难无法避免时，他们就像是生活向我们弹来的一记脑门，你是怎么应对的？

问题抛出后，学生交流的声音逐渐消失，课堂安静了下来。沉默大概持续了半分钟。

师：我的提问就是我在向你们弹脑门时，你们准备怎么应对？

生：（学生会心一笑，略带尴尬）用沉默躲开了。

师：我弹脑门时你们躲开了，那么生活中的“手指”弹过来你们还能躲开吗？你们打算怎么做呢？

生：我不怕生活弹我脑门，“手指”弹过来我不会迎，也不会躲，来了我受着就行。该解决的就去解决，但并不会主动接受挑战。

师：也就是说，不怕挑战，当然也不会主动迎战。

生：我一般都会先做好心理准备，安慰好自己，然后再去积极面对挑战。

师：那你会怎么准备呢？

生：举个例子吧，今天物理老师让我去她办公室一趟。她在我的物理试卷上写了一个“见”字，这就意味着我得去老师办公室。其实我是很害怕的，但是我想着这个事情躲不掉的，与其等着她来喊我，不如我积极主动去找她，也许她会看在我这么积极的份上放我一马。

师：并非我们畏惧挑战，而是得做好准备，这样才能面对挑战。

生：我之前会选择躲开，甚至是逃避。但是经历了一些事情后，我意识到，一些问题真的躲不开逃不掉，你都要去面对的。既然都要面对，那我就主动出击，其实问题没有我想象的那么难！

师：很感谢大家的分享。很多同学不理解为什么心理课一定要寻找自己的经历，分享人生故事。这是因为，叙事疗法强调，一个人只有发现了自己的人生故事，回顾自己的经历，才有可能重新建构故事，实现自我成长。

［设计意图］通过引导提问，让学生把游戏体验和感受与生活事件之间产生联系，思考自己的生活事件，并为下一个环节提供素材。

三、问题找原因（15 分钟）

师：面对“弹脑门”迎头而上会带来意想不到的结果，但会有很多因素导致我们最终选择躲开。你们认为有哪些因素？

生 1：对未来的恐惧。

生 2：还有可能是不相信自己能处理好。

师：对未来的恐惧，不知道自己能不能处理好，这些是不是因为你从来没有做过？

生：对！

师：已经做过的事情，并且得心应手，那么这些就包含在你的舒适区里，而那些从未尝试过的，在舒适区外无形中就是一种威胁，出于本能会选择躲开。换个角度想一下，那些舒适区里的东西曾经也在你的舒适区外，现在你再去做这些事，不也很顺利了。绿灯思维告诉我们，遇到事情不要马上拒绝，先做一点尝试，哪怕只是三分钟热度，也好过一点没做就直接否定。

生3：害怕丢人。之前就是因为害怕丢人，怕被别人嘲笑，所以错过了上台发言的机会，错过了学生会主席的竞选，错过了很多很多。

生4：我想害怕丢人和我的过于追求完美是一样的。从小到大，我一直都是一个过分追求完美的人，在格子本上写字绝对不能写错字，考试一定要考班级第一，对每一个同学都要热情。但是真的很累，很怕自己做不到会被别人嘲笑，自己也接受不了。直到高中我病了，休学一年，重新回到学校，我才意识到，没有那么多的事情是一定要完美的，因为完美会让我放弃很多事情，同时也错过很多经历。别人说了什么真的很重要吗？好像还是我自己更重要。

师：你能够发现自己的问题，从内打破就是对迎头直上最好的阐述！

重新来看自己的过往的经历会发现，当我们知道了导致自己退缩或者失败的原因后，下次遇到类似的问题，你就知道怎么才能避免失败。这算不算是对困难的“迎头直上”？

生：算！

〔设计意图〕审视问题，找到失败原因，帮助学生思考应对方法。

四、总结（2分钟）

师：对过往经验有所觉察就会有不同程度的收获。过往的经历和经验，说明大家是有能力去面对的。未来还会有无数的“手指”弹过来，请做好准备，迎头直上！

〔设计意图〕帮助学生从自己的经历中找到自信和勇气，更好地应对未来的挑战。

教学反思

一、创意亮点

首先，很多人认为心理课与班会课差不多，但心理老师能够借助心理学的知识，引导和启发学生通过了解自己的成长经历，反思自我并得到成长。这种成长和力量更多的是自己带来的，而非老师传授的，这样做能够尊重学生主体，体现的正是“以来访者为中心”的原则。此外，课程中更多的是听学生的分享，老师只是引导提问，学生借助问题引发进一步的深入思考，老师并未直接给出建议，而是让学生通过自己对过往经验的反思总结，找到解决问题的方法，从而不断提升学生的心理素质。

其次，只要留心，愿意做个有心人，生活中很多东西是可以在课堂上应用的。例如一些综艺节目里的游戏就可以在课堂上运用，这样做会让课堂更接地气，有新意，吸引学生，同时引发学生思考。

二、实践心得

应对挫折和挑战，属于老生常谈的问题。班主任开班会时讲，心理老师再讲就没有意思了。既然想要心理课与班会课不同，那么就需要心理老师有与众不同的地方。首先，紧扣主题，恰到好处的课前活动就是一大亮点。关于应对挫折的课前活动班会课上也有，如果没有新意，还用老一套，学生很容易产生倦怠，也不会感兴趣。因此，要善于从生活中找到新点子，例如本课采用的“弹脑门”在生活中很常见，而得以应用则是我观看综艺节目受到的启发，在课堂实践中也起到了引入主题作用，可作为课堂主线来用。

其次，心理课上很注重学生的分享，单纯的分享故事会有点浅显，因此，这需要老师在课前对学生的回答有所预设，准备一些有意义的能够引发学生思考的问题。当然了，课堂上会有很多情况发生，这需要老师不断总结反思，提高自己的教学智慧，以便随时应对各种突发情况。

三、点滴建议

本课同事进行了同课异构，在“生活大搜查”环节，同事采用的是抛出问题，让学生思考并回答。例如：你的生活中有什么样的“弹脑门事件”？“弹脑门事件”后你有什么收获／损失／影响？这样做会更加清晰明了，同时也让学生自己思考定义“弹脑门事件”而不是按照老师的定义走，减少限制。

第26课　探索优势能力

◎ 商林芳

教学背景 很多中学生在成长过程中对自己拥有的能力缺乏思考和认识，盲目和他人进行比较，不知道自己的优势何在，不知道如何发掘和培养自己的能力，不知道自己的能力优势与将来职业之间的关联，不知道自己理想职业所需要的能力……总之就是自我认识不足，对自己缺乏信心，对未来充满迷茫，学习效能低。本节课旨在通过学生对自身能力的体验，帮助学生深入认识自己的能力，并根据多元智能理论，发掘出学生不同的能力与优势，借此让他们认识自己，对自己充满信心，发挥出最大潜能。

教学目标

1. 帮助学生了解能力，了解多元智能理论。
2. 发现自己的优势能力，并根据职业的能力需求，进行职业生涯规划。
3. 认识到每个人的优势能力是不同的，要有信心培养提升个人的能力。

教学重点 引导学生通过活动体验对自己的能力进行探索和思考，发现自己的能力优势。

教学难点 引导学生通过多元智能理论对自己的八个方面智能进行分析，并根据职业的能力需求，进行职业生涯规划。

适合对象 七年级至高二年级。

教学时间 40 分钟。

课前准备 多媒体课件。

教学过程

一、热身活动：一枪打四鸟（2 分钟）

［活动规则］ 左手呈“手枪”手势，右手呈“四指展开”手势，左右手来回切换，一分钟后集体展示。

学生练习中，有的快速，自如切换，有的缓慢，频频出错。

师：请大家环顾前后左右，我们的表现有差异吗？

生：有。

［教师点评］ 每个人的能力是不同的，每个人拥有不同的能力优势！

［设计意图］ 激发学生兴趣，让学生体验到“每个人拥有不同的能力优势”。

二、能力测验（20 分钟）

［活动规则］

1. 拿出一张纸，请大家画三个同心圆，平均分为 8 份，在中心写上自己的名字；

2. 在第三层圆圈内写下测验的能力关键词。

测验一：我是歌手。

请写出一首你最喜欢的歌曲名称，并说出理由。

请写出歌曲中你最喜欢的两句歌词。

请一位同学唱出歌曲。

师：有的同学能不假思索地写出答案甚至低声吟唱，有的同学左思右想难以下笔。请大家思考，这是在测验我们哪方面的能力？

生：欣赏、节奏、记忆、歌唱、思考……

师：请将你能想到的能力分类，填入第三层圆圈，给自己的表现打分，0～10分，10 分最高。

测验二：看图辨方向。

四幅图都是北京时间 11：10 拍摄的，请根据图片辨别方向。

师：给大家 1 分钟时间思考，然后我公布正确答案。

生：东南西北、东北西南、东北南西……

师：正确答案是“东北南西”，请答对的同学举手。请大家思考，这四张图测验了我们的什么能力？

生：识图、辨方向、地理……

师：请大家按分类填入第三个圆圈内，给自己的表现打分。

测验三：你做我猜。

主题为“动物”，请一位同学上来根据所有同学的表现猜，并告诉大家根据谁的表演得出的答案。

动物：狼、猩猩、兔子、孔雀、猫咪、猪。

师：这个环节充满欢声笑语，请大家思考，这个环节考验了你的什么能力？

生：模仿、表演、观察……

师：请将关键词填入第三个圆圈内，给自己的表现打分。

测验四：世界那么大，我想去看看。

假设现在你要带领你的小组成员一起去旅游，请写出你需要考虑的因素，制订一个简单的出行方案。

师：请大家思考，这样的旅行测验了你的什么能力？

生：组织、领导、规划、沟通、获取信息……

师：“读万卷书，行万里路”，请大家将关键词填入第三个圆圈内，给自己的表现打分。

测验五：推理达人。

Q先生和S先生、P先生在一起做游戏。Q先生在两张小纸片上各写一个数，这两个数都是正整数（一位数数字），差数是1。他把一张纸片贴在S先生额头上，另一张贴在P先生额头上。于是，两个人只能看见对方额头上的数。Q先生不断地问：“你们谁能猜到自己头上的数？”S先生说：“我猜不到。”P先生说：“我也猜不到。”S先生又说：“我还是猜不到。”P先生又说：“我也猜不到。”S先生仍然猜不到，P先生也猜不到。S先生和P先生已经三次猜不到了。可是，到了第四次，S先生喊起来：“我知道了！”P先生也喊道：“我也知道了！”问：S先生和P先生头上各是什么数？

答案：7和8。如果P头上是1，S当然知道自己头上就是2。S第一次说“猜不到”，就等于告诉P先生，你头上的不是1。这时，如果S头上是2，P先生当然知道自己头上应当是3（1已经排除了），可是，P说“猜不到”，就等于说S头上不是2。第二次S又说猜不到，就等于说P头上不是3，如果是，我头上一定是4，我就能猜到了。P又说猜不到，说明S头上不是4。S又说猜不到，说明P头上不是5。P又说猜不到，说明S头上不是6。（理由同前）以此类推，第四次说猜到了，说明P头上是7，S头上是8。

生：3和4……

师：很多同学做不出来，我也做不出来，看到答案也无法理解，请大家思考，这是测验我们的什么能力？

生：推理、算数……

师：同上要求，填入圆圈内，打分。

测验六：知否？知否？

回答“是”或“否”。

别人跟你聊天，你总能准确地捕捉到信息理解别人。

你非常喜欢阅读且阅读效率很高。

你经常写作，写作对你来说很容易。

你很擅长当众演讲。

师：请问：这几个判断题测验的是我们的什么能力？

生：人际、阅读、写作、演讲……

师：请填入相应位置并打分。

测验七：头脑风暴。

请标出你的分值最高的三项测验，圈出你的三个优势能力，并将优势能力所在的“披萨”做大。

在优势能力所在“披萨”外面写上相关职业。

师：这是在测验我们的内省能力，请大家思考对自己的能力认识，对测验结果进行反思。这个内省能力在你的图中处于什么位置？请填写。我们找同学分享。

生：我的优势能力是唱歌，但是我不是专业的艺术生，以后职业也不会跟唱歌相关，我以后想做飞机修理师。

师：所以唱歌只能作为兴趣爱好。

生：我的优势能力是辨别方向、识图，以后想做建筑工程师。

师：请每位同学思考这几个问题：你的优势能力是什么？相关的职业是什么？你理想的职业是什么？在图上标出。

［设计意图］让学生在体验中探索、评估个人能力，增强对多元智能理论的理解。

三、多元智能理论（15 分钟）

师：之所以让大家画这个图和做这些测验，是为了让大家自我探索、评估个人的能力。能力是什么？能力分为实际能力和潜在能力。实际能力是表现出来的能力，比如作家很会写作，运动员擅长运动；潜在能力，比如我认为你如果天天加强运动训练，3 分钟能跑完 800 米。你更希望拥有哪种能力？

生：实际能力！

师：根据哈佛大学教育学家加德纳的多元智能理论，每个人主要的八大智能有音乐、人际、内省、自然、逻辑、空间、运动、语言。请大家对照我们刚才的测验，思考音乐方面的能力有哪些。

生：歌唱、节奏、欣赏……

师：语言方面的呢？

生：阅读、写作、演讲……

教师带领学生结合测验对八大主要智能进行解释。

师：还有其他一些智能没有写在上面。请对照自己的图，看哪些需要调整。这个理论告诉我们，不同的人拥有不同的能力结构，我们要发现自己的多元能力，帮助自己得到好的发展，语言能力和逻辑能力是重点能力。

师：《最强大脑》节目上有个叫周玮的选手，韦氏智力测验是智障，但是心算快而准，他就发挥了自己的算数能力上了节目，获得更多关注，给了自己更多的机会。这就是优势能力在发挥作用！

［设计意图］ 提供理论支撑，帮助学生找到个人的优势能力，鼓励学生将能力优势发挥出来！

四、能力和职业的关系（3 分钟）

师：发展能力，终究是为了以后我们进入社会能更好地生存和生活。那么不同职业都需要什么能力呢？接下来我们看一些职业，观察你刚才写的职业是否在里面，思考它跟哪些职业是一类的。

（多媒体课件呈现 5 组不同能力需求的职业，让学生判断这类职业所需的主要能力。）

1. 天文学家、公关人员、音乐评论家、作家、室内设计师、会计师、外科医生、心理学家；

2. 地质学家、思想家、领导者、指挥家、摄影师、主持人、统计家、演员；

3. 考古学家、律师、心理咨询师、哲学家、飞行员、科学家、舞蹈家；

4. 政治家、外交家、演说家、生物学家、机械师、画家、歌唱家、软件研发者；

5. 调琴师、建筑师、工程师、运动员、宝石匠、推销员、环境设计师。

生：第一组职业分别需要的能力是自然、人际、音乐、语言、空间、逻辑、运动、内省。

生：第二组职业分别需要的能力是自然、内省、人际、音乐、空间、语言、逻辑、运动。

教师引导同学们说出职业对能力的需求，一边引导一边评论指导。

师：我们来对比一下这张图，看刚才的判断是否正确。不同的职业需要不同的能力，大家需要慎重思考的是：你的优势能力和你感兴趣的职业是否匹配？你感兴趣的职业需要哪些能力？我们如何培养这些能力呢？送给大家一句话，我认为能力是在克服困难障碍的过程中培养起来的！

［设计意图］引导学生明确要培养的能力目标。

教学反思

一、创意亮点

根据多元智能理论设计的测验环节紧扣主题："我是歌手"主要测验学生的音乐智能，"看图辨方向"主要测验学生的空间智能，"你做我猜"主要测验学生的运动智能和自然智能，"世界那么大，我想去看看"主要测验学生的人际智能和自然智能，"推理达人"主要测验学生的逻辑智能，"知否？知否？"主要测验学生的语言智能，"头脑风暴"主要测验学生的内省智能。七个测验给学生提供体验机会，对能力进行深入反思。

结合测验教师对八种主要智能进行解释，针对每个测验，让学生都列出能力关键词，并将关键词填入第三个圆圈，对比加德纳的多元智能理论图，强化对八大智能的理解。

将不同职业组合列出，让学生思考判断各个职业对主要能力的需求。在这个过程中，学生还可以寻找自己感兴趣的职业和与优势能力相匹配的职业。

二、实践心得

这节课给我的整体感受是：有一定的难度。

这节课的重难点在于引导学生理解加德纳多元智能理论并用其对自己进行能力分析。学生对测验活动很感兴趣。测验部分由于学生的充分参与，课堂氛围活跃，因此这个环节需要耗费大量时间。通过测验，学生能够体验和思考自身的八大智能，枯燥的理论也就变得不那么晦涩难懂了。

有些学生存在优势能力和理想职业不匹配的情况，这个过程应该引导学生树立“优势能力要发挥作用”和“根据理想职业的能力需求在克服困难障碍的过程中培养能力”的意识。

三、点滴建议

注意各个环节的时间分配，尤其是测验环节。

多媒体课件展示多元智能理论图时，在计算机技术支持的条件下，一层一层揭示，这样便于学生在视觉上明确捕捉到相关信息，强化学生的记忆和理解能力。

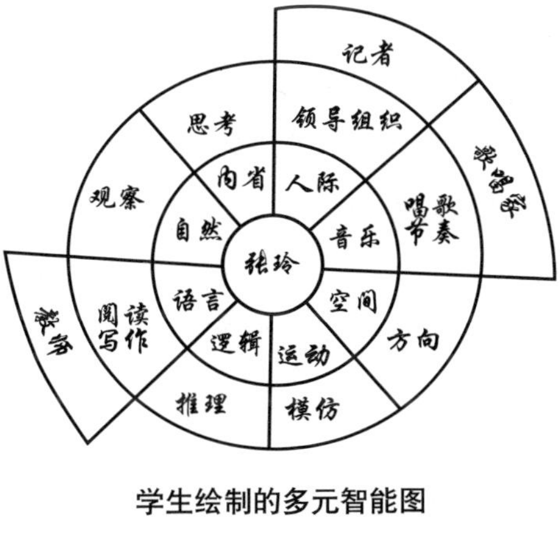

学生绘制的多元智能图

第27课　探索职业兴趣

◎ 邢宇航

教学背景 霍兰德的生涯理论认为，选择一种职业，是一种人格的表现。既然职业兴趣是人格的呈现，那么职业兴趣测验就是一种人格测验。在实践过程中，霍兰德提出了六角模式，包含现实型（R）、研究型（I）、艺术型（A）、社会型（S）、企业型（E）、传统型（C）。普立德格和金树人等又发现了六角形兴趣结构下潜藏着两个双极维度，一个维度是“事务处理”和“心智思考”，另一个维度是“与物接触”和“与人接触”。高中生面临高考选报专业、思考未来职业选择等问题，迫切需要在生涯教育层面开展兴趣探索教育。

教学目标

1. 初步了解霍兰德的六角模式。
2. 通过兴趣坐标图探索自己的兴趣及职业。
3. 树立主动探索职业兴趣的意识。

教学重点、难点 通过兴趣坐标图探索自己的兴趣及职业。

适合对象 七年级至高一年级。

教学时间 40分钟。

课前准备 每人一份兴趣坐标图。

教学过程

一、问题互动导入（5分钟）

师：大家喜欢上心理课吗？

生：喜欢！

师：为什么呀？

生：因为轻松！／不用写作业！／问题没有标准答案！／可以解决心理问题！

师：可以说大家对心理课充满兴趣，今天，我们来聊一聊兴趣！

〔活动意图〕由学生对心理课的兴趣，引出“兴趣”主题。

二、澄清概念（5 分钟）

师：引起兴趣的原因有哪些？

生：喜欢！／开心！／觉得有意义！／能够放松自己！／好玩！

师：兴趣有什么作用？

生：能把这件事情做得更好！／能主动地去做，不用别人逼！／有了兴趣，自己做的过程也开心！

师：大家说得很全面。

〔活动小结〕

引起兴趣的原因：1. 客观事物对主体的重要意义；2. 该事物对主体情绪上的吸引力。

兴趣的作用：1. 对未来活动有准备作用；2. 对正在进行的活动起推动作用；3. 对活动的创造性态度有促进作用。

三、兴趣探索（30 分钟）

师：下面我们来探索自己的兴趣，请在你的兴趣坐标图的空白处完成以下问题：

1. 列举三种你非常感兴趣的职业，这些工作哪些特征吸引你？

2. 回忆三件让你感到快乐、满足的经历，并详细描述它们。

3. 闲暇时间你最爱从事的活动是什么？

4. 在日常生活中什么令你筋疲力尽？什么能激发你的活力？

给大家 5 分钟时间，安静独立地完成，完成的同学举手示意。

〔活动意图〕通过具体问题反映学生的兴趣。

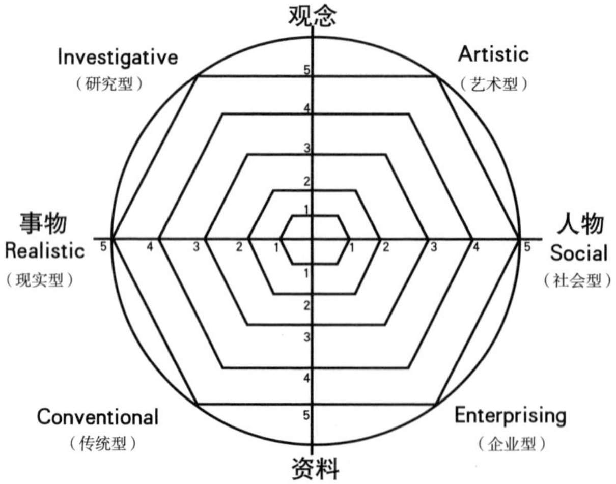

师：好，时间到。接下来，我来解释坐标图的画法。

人物表示喜欢与人群相关的，喜欢处理人际关系；事物表示喜欢与处理机械器具相关的；资料表示喜欢与处理文件或者数字资料相关的；观念表示喜欢与处理工作中的抽象概念，从事知识的开发传递相关的。

大家根据自己刚才写的答案，分别估算在四个维度上的得分，描出四个点，然后连线，得出一个四边形。

举个例子，你喜欢的职业是主持人、辩论家。

主持人根据兴趣在“人物”上打 4 分，在“事物”上打 1 分，在“资料”上打 2 分，在“观念”上打 3 分。

辩论家根据兴趣在“人物”上打 4 分，在“事物”上打 2 分，在“资料”上打 1 分，在“观念”上打 4 分。

所以，人物得分：4 + 4=8 分；事物得分：1 + 2=3 分；资料得分：2 + 1=3 分；观念得分：3 + 4=7 分。

因为坐标图最高分是 5 分，所以把刚才的得分除以 2，然后将对应的点描出来，画出的四边形，就是自己的职业兴趣区域。

给大家 5 分钟时间，画出自己的职业兴趣区域。因为时间有限，咱们只采用前两道题，会形成两个职业兴趣区域，大家把重叠部分涂上阴影。

师：好，时间到。谁来分享一下自己的兴趣区域？

生1：我感兴趣的职业是电竞解说、物理学家、企业家。吸引我的特征分别是：我喜欢玩电竞游戏，我喜欢物理实验，我想经商。

电竞解说："人物"2分，"事物"5分，"资料"1分，"观念"3分；

物理学家："人物"1分，"事物"3分，"资料"2分，"观念"5分；

企业家："人物"3分，"事物"1分，"资料"2分，"观念"4分。

平均下来，人物得2分，事物得3分，资料得1.7分，观念得4分。

这就是我第一题的得分，根据这四个得分，我画出了第一个职业兴趣区域。

师：非常好，大家有疑问吗？没有疑问，让他继续分享第二题。

生1：第一件我感到快乐、满足的事情是游戏中拿了5杀翻盘，因为队友想要投降了，我逆转翻盘。第二件是研学旅行，因为和同学们一起出去玩，很有氛围，很开心。第三件是期末考试取得了好成绩，因为进步很大。

游戏翻盘："人物"3分，"事物"5分，"资料"1分，"观念"4分；

研学旅行："人物"4分，"事物"2分，"资料"1分，"观念"2分；

期末考试："人物"4分，"事物"3分，"资料"3分，"观念"3分。

平均下来，人物得3.7分，事物得3.3分，资料得1.7分，观念得3分。

这就是我第二题的得分，根据这四个得分，我画出了我的第二个职业兴趣区域，和第一个兴趣区域已经有重合部分。

师：好。接下来，我们利用这个兴趣坐标图，寻找兴趣对应的职业。

师：先给大家介绍一下坐标图中6个单词对应的职业类型。

R代表现实型，代表的是从事事务性的工作，户外活动或操作类，不喜欢在办公室工作；

I代表研究型，代表的是喜欢处理信息（观点、理论），喜欢探索、研究那些需要分析、思考的抽象问题，喜欢独立工作。

A代表艺术型，代表的是喜欢创造和自我表达类的活动。

S代表社会型，喜欢与人合作，帮助他人，热情关心他人的幸福。

E代表企业型，喜欢领导和影响别人，或为了达到目标而说服别人。

C 代表传统型，喜欢固定的、有秩序的工作或活动，如组织和处理数据。愿意在一个大的机构处于从属地位，并希望知道确切的工作要求和标准。

师：接下来，我们结合刚才涂的阴影区域，根据分值高低，选出分值最高的三个字母，从高到低排列组成一个代码，就能查找出与自己兴趣对应的职业了！

生：真的吗？／不会吧！

师：谁愿意在黑板上呈现出来，给大家做一个示范？

生 1：老师，还是我吧！

师：好的，我们来看一下他的阴影部分，哪个数值最高？

生：R，现实型，偏向操作类的。

师：所以，这个代码的第一位是 R。第二位呢？

生：阴影偏向观念更多一些，但是观念是在 I 和 A 之间，怎么选呢？

师：这种情况，说明他在 I 和 A 方面都有较强的兴趣，但是偏向 I 的阴影面积更大一些，所以第二位是 I。第三位呢？

生：A，艺术型！

师：所以他的代码就是 RIA。我们查一下，有建筑设计师、模型建造师等，这些都是偏向操作和想象的。大家注意，这个代码只是参考，而且看这位同学画的图，我们可以看出，他在人际也就是社会型方面也有兴趣。大家觉得准吗？

生：准！／不准！我不喜欢这些职业！／跟我第一题写的职业不一样呀！

师：为什么会有不同的看法呢？

生：因为大家的兴趣是不一样的，而且是多变的。

生：因为每个人的兴趣面都是比较广泛的，不可能仅限于某一方面。

生：因为具体划分有区别，譬如我喜欢操作，是偏向游戏类的，但是职业指向的是建筑设计之类的。

师：大家分享得很好，这节课到这里就结束了。本节课想让大家探索自己的兴趣，以及兴趣与职业的关系。大家要清楚，兴趣会随着时间产生变化，而且我们的兴趣有差异，没有好坏之分。如果大家期望的职业和用代码查出来的职业不一样，这也是很正常的。大家可以思考一下：需要在哪些方面提升自己，使自己的兴趣和能力不断接近期望的职业？

教学反思

一、实践心得

1. 本节课以兴趣坐标图为依托，让学生根据自己的实际情况，参与到课堂中，整节课完整紧凑，课堂效率高。

2. 由于时间有限，兴趣探索的 4 个问题，侧重前两个问题，后两个问题让学生根据自己的进度选做。

3. 本节课有很多陌生的概念，需要给学生讲清楚，师生互动就会减少。

二、点滴建议

1. 兴趣坐标图的绘制是重点，但是时间有限，一定要在教学过程中控制好时间，给足学生绘制坐标图的时间。

2. 兴趣探索环节的分享，最好选一个固定的学生，这样可以拿他的坐标图作为实例，让学生们更清楚地理解，思路会更清楚。

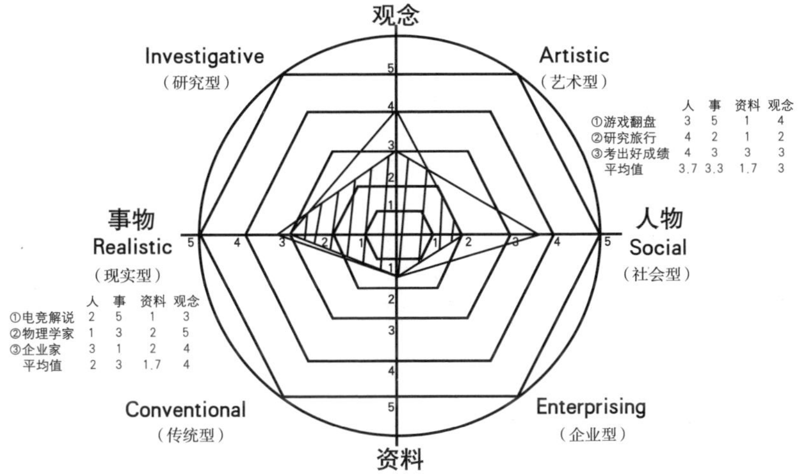

学生的职业兴趣坐标图

学会学习与适应社会生活

培养正确的学习观念，发展学习能力，改善学习方法，掌握学习策略，提高学习效率，正确处理学习与娱乐之间的矛盾，适应学习环境和学习要求，适应生活和社会的各种变化，培养应对失败和挫折的能力，有担当意识和社会责任感。

第28课 提升注意力，学习更高效

◎ 闵宇飞

教学背景 学习是中学生最重要的任务，中学的学习深度和难度相较于小学阶段上了一个新的台阶，学习过程需要投入更多的智力因素和非智力因素。在智力的构成中，注意力又是记忆力、思维力和想象力的基础。因此，中学生学习的注意力水平影响着学习的效率。

教学目标

1. 列举三个以上在学习中注意力不集中的表现。

2. 能够掌握三种以上改善注意力的方法。

3. 能够在学习中养成正确的行为习惯。

教学重点 引导学生发现学习活动中注意力是否有问题并因此影响学习效率。

教学难点 引导学生在自主探索的基础上，掌握解决学习注意力低下的科学方法。

适合对象 七年级至高三年级。

教学时间 40 分钟。

课前准备 多媒体课件，打印好的舒尔特方格。

教学过程

一、热身活动：看字念色（5 分钟）

［活动规则］展示如下图片，邀请两名学生同时上台看字念色，看哪位同学在不出错的情况下用时最短。

（师生互动）

师：刚才我观察大家在台下也都尝试读了，是不是觉得舌头都要打结了？大家不必懊恼，念不顺畅很正常，为什么呢？当我们看到这些字的时候，我们的大脑一部分关注到了字的颜色，另一部分却不可避免地被字的含义吸引过去了，这就叫作注意力不集中。注意力就是留意一些东西的同时忽略另一些东西的能力。讲到注意力，老师再给大家讲一个名人的故事。

［设计意图］ 活跃课堂气氛，引发学生思考。

［备注］ 活动开始前不要向学生展示图片，邀请两名学生分别站在讲台的两侧，保证互不干扰。

二、主题活动（35 分钟）

活动一：心理故事《爱因斯坦吃鱼子酱》（5 分钟）

爱因斯坦最喜欢吃美味的俄国鱼子酱。3 月 14 日是他的生日，这一天快要到了，他的朋友决定请他吃一次俄国鱼子酱。生日那天，爱因斯坦和几个朋友一边就餐，一边滔滔不绝地探讨起物理学来。正当讨论得热烈的时候，那盘早已约定好的俄国鱼子酱端上桌来。这时，爱因斯坦还在滔滔不绝地讲。他顺便把鱼子酱送到嘴里，继续评论。鱼子酱吃完了，演讲的爱因斯坦停下来，他竟意犹未尽地用手在桌子上画了一个大问号。这时同伴问他："你知不知道刚才吃的是什么东西？""不知道，是什么东西？""是俄国鱼子酱呀！""什么？哎呀，是鱼子酱呀！太可惜了，我居然不知道！”爱因斯坦惋惜地叫了起来。

师：这个故事，对你有什么启示？

生 1：注意力不集中的时候会错失很多重要的事情。

生 2：相较于鱼子酱，爱因斯坦更爱物理。

师：是的，伟大的物理学家爱因斯坦一定很爱物理，但是他不爱鱼子酱吗？我更赞同第一位同学的观点。

［活动小结］心不在焉，视而不见，听而不闻，食而不知其味。意思是说，如果不加注意，我们就不能感受到。所以，注意力是我们心灵的观察窗，是我们学习的探照灯。要欣赏美丽的花朵，首先你要注意到它；要听听优美的音乐，首先你就要注意到它；打算记住重要的学习材料，你还是要注意到它。提高学习效率，必须提升注意力！

［设计意图］再次引发学生思考，引入本课主题。

活动二：注意力问题大家谈（15 分钟）

师：你有没有因为上课走神，落下了重要的知识点？你有没有写作业时被其他事情吸引，不能在计划的时间里完成学习任务？你有没有在背诵时脑子里浮现出无关画面，结果背了很久什么也没有记住？你有没有在考试时思想“跑偏”，不知飞到哪里，耽误了考试时间？……下面，我们一起来讨论，在大家的学习中有没有注意力不集中的问题？你又是怎么解决这些问题的？现在请分小组讨论。

［活动规则］

1. 八人一组，确定小组长。

2. 小组讨论，组长收集讨论中提到的问题和解决办法。

3. 小组长发言，分享本组讨论情况。

［活动分享］

生 1：早读时很困，眼睛看着书嘴巴在读，可是大脑一片空白，什么也没记住。解决办法是站着大声读。

生 2：上物理课的时候会在手里揉纸团或者转笔，然后就不知道老师在讲什么了。解决办法是课桌上除了放课本和笔记本其他什么也不放。

生 3：写作业时很容易受到同桌影响，他想说什么干什么，我好像比他还清楚，但是做作业很慢，不能按时写完。解决办法是一个人坐。

生 4：测试时有时会盯着卷子发呆，不知不觉过了很久。解决办法是拽头发。

生 5：我不赞同拽头发，写作业时我有用手绕头发的习惯，绕着绕着自己就忘了写作业。

师：那你的解决办法是什么？

生 5：把刘海扎起来，眼不见就不绕头发了！

［设计意图］收集学生中出现的注意力不集中的问题和解决办法，和同伴互相帮助有类似注意力不集中问题的同学初步解决问题。

三、总结：提升注意力的方法（15 分钟）

师：刚才同学们提出了很多学习中出现的注意力不集中的问题，也谈到了自己尝试的解决办法。下面我们一起了解一些提高注意力的科学方法。

方法一：调动学习情感

酒会效应：在各种声音嘈杂的环境中，例如在酒会上，有音乐声、谈话声、脚步声、酒杯餐具的碰撞声等，当某人将注意力集中在欣赏音乐或和别人谈话时，会对周围的嘈杂声充耳不闻，但是当另一处有人提到他的名字，他马上就能听到。——我们注意的似乎都是对我们重要的事物，而不是那些不重要的事物。

我们的大脑首先注意有强烈情绪内容的信息。所以，要提升注意力，要学会调动我们积极的情感。具体怎么做呢？

一是对学习活动进行积极暗示。趋乐避苦是每一个人的本能，如果你告诉自己这节课是无聊的、这份卷子是痛苦的、这门考试是失败的，你就会从内心想要逃避，怎么能集中注意力去参与这些学习活动呢？相反，如果你能对自己暗示：我将愉快地度过这节课，我可以通过这份卷子让自己得到一些解决疑惑的喜悦，我在这次考试中有所突破，那么你就在内心调动了积极的情感，就使你无论做什么都会精神集中、全神贯注。

二是在学习活动前提出问题。酒会效应告诉我们一个道理：我们会特别注意重要的事情。请问大家，上课是你的事情吗？如果你没有疑问，那这一节课只是老师的事情，老师会注意谁没有听讲，谁在睡觉，谁在吃东西；相反，如果你带着疑问上课，上课才是你的事情，你会注意老师讲到哪里、怎么讲的、我是不是能理解、我的疑问是不是得到了解决。所以课前预习很重要，预习要以提出问题为目标，这可以帮助我们提升课堂注意力。比如最近比较火的音乐节目《中国好声音》《蒙面唱将猜猜猜》，都是让观众心生疑惑，带着“有没有导师会转身”“面具背后到底是谁”等问题，从而保持对节目的持续注意。

方法二：合理饮食睡眠

调查研究表明，吃早餐的孩子旷课、迟到减少，课堂行为改善，标准测验的成绩显著提高；不吃早餐的孩子正常的认知和学习能力得不到发展；睡眠不足会导致注意力下降。所以给同学们几个建议：不熬夜，保证睡眠质量；不空腹，保证三餐营养。

方法三：适时进行运动

［现场调查］体育课和课间跑操对你学习时的注意力有影响吗？

刚参加完体育活动后，学生们在回答问题时会更加集中注意力，答案也更准确，而且问题越难，答案的准确率越高。脑电图分析还表明，刚参加完体育活动的孩子能更好地分配注意力资源，而不容易受噪声等因素的影响。为了证实这一结果同样适用于学生在课堂上的表现，研究人员让学生们进行了阅读、单词拼写和数学三项测试。结果证明，如果学生在体育活动后进行这些测试，就会取得更好的成绩。给大家的建议是：下课要活动，上课注意力更集中！

方法四：加强科学训练

21	4	23	25	17
7	19	15	2	20
13	8	24	9	1
12	18	16	5	10
6	22	11	3	14

舒尔特方格：在屏幕上展示上图，请一名同学上台来用手指按 1 ~ 25 的顺序，依次指出其位置同时读出声，老师在一旁计时。数完 25 个数字所用时间越短，注意力水平越高，经常训练可以提高注意力水平。建议大家课间休息时当作游戏进行训练。

〔设计意图〕指导学生了解掌握提高注意力的科学方法。

〔结束语〕同学们，这节课我们一起了解了学习中常见的注意力问题，通过小组讨论分享和老师的介绍，掌握了提高注意力的方法，希望大家在平时的学习中多加运用，不断提高自己的注意力水平，让自己的学习更加高效！

教学反思

一、创意亮点

本课结合学生学习实际，紧扣师生最关注的学习问题，选取学习行为中众多要素中的一点——注意力进行聚焦，减少“空对空”的学习指导，减少学生谈及学习问题的抵触心理。

二、实践反思

本课实践中学生比较容易提出学习行为问题，但是需要教师进行删选哪些是注意力问题，哪些不是。授课过程中容易出现喧宾夺主现象，将学生的学习态度问题与注意力问题混淆，要区分开，重点解决注意力问题。

对学生分享中表达出来的学习问题，教师要注意自己的反移情——关注心理问题本身，不对学生做个人评价。

第29课　如何爱你？难题，易题？

——考试过程中的心态调整

◎ 王秋霞

教学背景 本节课旨在调整考试中遇到易题和难题的心态，避免自己的思维定式。

教学目标

1. 了解遇到易题和难题时的思维定式。
2. 能够及时调整遇到难题和易题时的心态和情绪。
3. 正确对待考试中遇到的易题和难题。

教学重点 能够及时调整遇到难题时的心态和情绪。

教学难点 考试中面对不同题目的灵活调整水平。

适合对象 初一至高三年级。

教学时间 40 分钟。

教学过程

一、热身活动：我演大家猜（10 分钟）

[活动规则]

1. 全班分成两组，每组各推荐一人进行表演，大家猜，表演者不能讲述其中的字眼。
2. 每组时间 3 分钟，中间不能换人。
3. 随机发放活动卡片（参考卡片如下）。

A	随机	撕名牌、兄弟、九死一生、九牛一毛
	人物	周星驰、唐僧、周杰伦、赵本山
	影视	《倩女幽魂》《金刚》《神雕侠侣》《葫芦兄弟》

B	随机	一毛不拔、奔跑、医生、和尚
	人物	阿庆嫂、郭靖、孙悟空、甄嬛
	影视	《催眠大师》《航海王》《一步之遥》《让子弹飞》

（根据学生反映，后来不再限时。学生建议，各增加一个人物，一个是班主任卢磊，一个是英语老师郑晓科，学生通过模仿老师的动作、表情，很快揭晓了答案）

师：刚才是哪道难题影响到了你？你当时的想法是什么？

生 1：遇到的难题是“倩女幽魂”，因为是游戏，所以在心态和行为上，首先想到的就是先过，没有太纠结于此。

生 2：遇到的难题是“阿庆嫂”，觉得太难了，因为放不开，自己在很短的时间内没想好该如何表达。

师：刚才这个活动有些类似考试，在规定的时间内完成难度不同的任务。回忆一下，在以往的考试中，有没有因为一道或者几道难题影响你的发挥的情况？

生 3：有一次考试，遇到一道题，花了好长时间才做出来，结果考试时间也用得差不多了，还有好多题都没做，一着急手抖得厉害，连卡片都涂不成了。

师：从这次考试中你得到的经验是什么？以后的考试,如果遇到了“阿庆嫂”，你会怎么做？

生 3：暂时放在那儿，先做别的题。

师：心态上呢？

生 3：一笑而过。

师：很好，今天我们就来聊一聊：如何爱你？难题还是易题？

［设计意图］ 通过热身活动，呈现遇到难题的不同心态和应对方法。

二、遇见难题（10 分钟）

我们在考试中遇到难题时会有两种情况：

1. 遇到难题，做了很长的时间，终于做出来或没有做出来，由于用时太长，影响了后面的考试。

2. 难题太多，出现了计划外的“做不出来”，跳过后越来越紧张，影响考试。

碰见难题，我们该怎么办？

师：假如在考试中遇到了不止一个“阿庆嫂”和“倩女幽魂”，我们在心态和行为上，该怎么办？

生 1：这道题，我难别人也难，所以要淡定。让我想想，既然想不出来，先做后面的，回头再来消灭你。

生 2：放弃这道题目，我有更多时间做会做的题，得分会更高。

师：考试的最高境界是什么？未来无论是联考还是高考，想超常发挥的同学，请举手！

师：你的超常发挥是什么样的状态？

生 1：会做的全做对，不会做的也都蒙对。

生 2：会做的尽量做对。

生 3：平时缩小不会做题的比例，考试中把不会做的先放下，留出更多的时间做会做的题，把会做的都做对。

师：对，考场上的超常发挥就是：把不会的题目先留下，把会做的题目全做对。有时间再试着把不会的题目做对或猜对。

［设计意图］引导学生根据自己的情况，正确对待难题，调整对超常发挥的认识。

三、遇见易题（15 分钟）

师：有谁每一次考试都能把会做的题全部做对？（一般没有人举手）如何才能把会做的题都做对？（可用动机曲线进行分析）

1. 举例生活趣事：去很熟悉的酒店赴宴，竟然走错了地方。原因是太漫不经心了。

〔小结〕简单问题因为容易解决，越重视效果越好。高难度的问题，要保持平常心态。灵活调整自己动机强度的人更能取得较好的成绩。

我们来做一些趣味测试题，看看会出现什么情况。

1. 一个聋哑人到五金店买钉子，他将一根手指放在柜台上，另一只手做了个捶击动作。店员给他拿来了锤子，他摇了摇头，指了指柜台上的手指。店员给他拿来了钉子，他选了合适的走了。接着进来一个盲人，他要买剪刀，应该怎么表示呢？很多人这时都会用手指比画一下剪的动作，而实际上他用嘴巴说他要买剪刀就可以了。

2. 长跑比赛中，你超过了第 2 名，请问你是第几名？（有学生没反应过来直接说第 1 名）

3. 去除阴影部分，出现 A、B、C、D 四个区域。

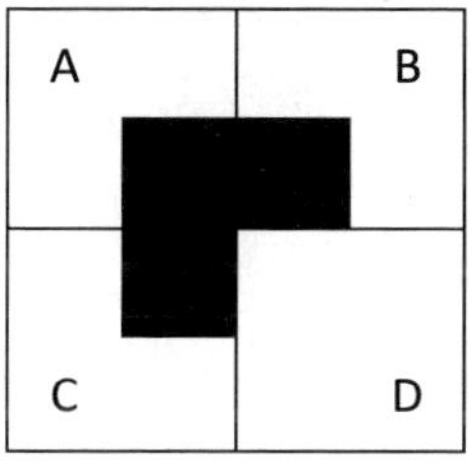

在 3 分钟内完成四个题目，分别将 A、B、C、D 四个区域二等分、三等分、四等分、七等分。要求：等分后形状和大小必须都一样。

〔点评〕遇到容易的题，要提高警惕，打破思维定式！

〔设计意图〕克服思维定式，正确对待容易题。

四、总结（5 分钟）

祝大家发挥出你应有的水平，准确评价题目的难度，调整合理的期望。把不会的题目先留下，把会做的题目全做对。

教学反思

一、实践心得

热身活动“我演大家猜”是个万能的方法，只要内容贴合主题即可。

每每涉及与学习有关的话题，学生的反应都会有些排斥或沉默。最初设计以智力测试来热身，但发现课堂太沉默，加入生活中的趣事后证明：越是简单的题目或事情越要小心陷阱。又适当让学生讲述自己生活中的事例，产生互动，课堂开始活跃。或者加入两则脑筋急转弯，效果亦然。

二、点滴建议

课堂上如果引入生活趣事或趣味测试，能够让学生在开心中有所感悟，更容易接受要传递的观点。

关于考试心态，学生会遇到考场上的干扰（如翻页声音、做题声音大）、考试做题顺序、反复检查、脑中想起音乐旋律、分心、考不好就完的消极暗示等，所以考场上的心态调整有许多小的切入点。

第30课　抵挡诱惑，增强你的自制力

◎ 严俊飞

教学背景 高中阶段学生的身体快速地发育变化，使其行为有一定的冲动性，随着同伴影响的扩大，他们更容易寻求认同而加入不良团体。引导高中生考虑他人和社会需求，在社会需求与自我需求之间维持平衡，通过延迟满足等形式增强自制力，理智地控制自己的感情和行动并完善自我，有效地调节并适应社会行为的发展。

教学目标

1. 了解自制力的作用。
2. 分析自己哪些方面的自制力需要加强。
3. 掌握增强自制力的策略和方法。

教学重点 学习增强自制力的策略和方法。

教学难点 学生打开心扉，暴露自己在日常生活中不能抵制的诱惑。

适合对象 初一至高三年级。

教学时间 40 分钟。

课前准备 多媒体课件。

教学过程

一、热身活动：我们都是木头人（5 分钟）

师：我们先来做一个游戏，名字叫“我们都是木头人”。

［活动规则］

1. 同学们一起喊口令：“我们都是木头人，不能说，不能笑，不能动也不能叫；我们都是木头人，看谁做得最最好。”

2. 口令完毕，立即保持静止状态。无论原来是什么姿势，都必须保持不动。

3. 倒计时 10 秒，对保持身体不动的同学进行奖励。

师：大家一起朗读一遍口令。

生：我们都是木头人，不能说，不能笑，不能动也不能叫；我们都是木头人，看谁做得最最好。

师：好，请准备，我们都是木头人，预备，开始！

生：我们都是木头人，不能说，不能笑，不能动也不能叫；我们都是木头人，看谁做得最最好。

师：（目光注视全体学生，倒数 10 个数）10，9，……3，2，1。

师：大家表现得都非常好，只有个别同学笑了。能控制自己是一种很重要的能力，你们是最棒的！刚才我说能控制自己的有奖励，现在我要把这句话奖励给大家：我超有自制力！请对自己大声喊出来！

生：我超有自制力！

［设计意图］通过游戏活动活跃气氛，引导大家认识到我们每天无时无刻不在面对诱惑，自制力是需要练习来增强的。

二、视频导入（5 分钟）

师：自制力是一种很重要的能力，有多重要？我们先来看一个视频。

（播放视频《棉花糖实验》）

师：看了这个视频，你从中得到了什么启示？

生：想要获得成功就要自律，自制力强的人才能走得更高更远。

师：生活中的事，如果是我们不想做但是又必须做的，那就需要一种坚持到底的毅力；如果是我们想做而不该做的，那就需要一种抵挡诱惑的能力。这种坚持到底的毅力和抵挡诱惑的能力就是我们今天的主题：抵挡诱惑，增强你的自制力。

［设计意图］ 通过视频，了解延迟满足的作用，以专业的角度促使学生增强抵抗诱惑的信心和决心。

三、主题活动一：呈现诱惑（10 分钟）

师：在我们的学习生活中，哪些是我们必须要做的？哪些是我们不该做的？必须要做的肯定都带有一些痛苦，比如学习，写作业。不该做的就多了，现在社会上有很多诱惑。我们都遇到过哪些诱惑？

如果全班同学不能说出 9 条以上诱惑，则进行 2 分钟小组讨论，列出 9 种诱惑，以便接下来分组讨论。

生：手机、网络、早恋、上课睡觉、赖床、吸烟、喝酒、考试作弊、抄作业……

［设计意图］ 通过讨论，初步了解面临的各方面诱惑，为接下来分组讨论做好准备。

四、主题活动二：增强自制力（18 分钟）

师：现在每组分别就一个问题进行讨论。讨论要点：成功抵挡的有哪些？你是怎么抵挡的？没有抵挡住的诱惑有哪些？要怎么去抵挡？至少找出三种办法。讨论完后每组推举一位同学分享你们的方法。

1. 学生讨论，老师参与，指导观察。

2. 分享如何抵挡诱惑。

手机：认识过度玩手机的危害，交给老师或家长。

网络游戏：卸载，一次性玩够，玩烦。

早恋：正常交往，转移注意力，放弃该放弃的。

不健康书籍：把书交了，不去买，选择有意义的书。

美食：转移注意力，想想肥胖的危害。

睡懒觉：前一天早点睡，提高睡眠质量，站起来，打呵欠，喝水，洗脸，让同桌监督。

促销：逛街不带钱。

追星：分散注意力，学习真正的榜样。

金钱：合理支配，想想父母的辛劳。

［设计意图］通过分组讨论、小组汇报，在脑力激荡中互相学习抵抗诱惑的方法。

五、总结（2分钟）

师：我们今天分享了成功抵挡诱惑的办法，讨论了可以用哪些方法去抵挡各种诱惑。这些方法只有不断内化为自己的东西，才能够在诱惑来临时保持克制。就像前面视频里看到的一样，肯等待的孩子不会一直盯着棉花糖，他们捂住眼睛，玩捉迷藏或唱歌，他们对棉花糖的渴望不是消失了而是暂时被转移了。所以我们要学会暂时忘记，把精力专注于我们当前的最重要任务：学习！

师：最后把一句话送给大家：转移注意，专注学习，不断成长，静待花开。请大家齐读一遍！

生：转移注意，专注学习，不断成长，静待花开。

教学反思

一、实践心得

1. 热身游戏很符合主题，对活跃气氛和引入主题活动起到了积极作用。

2. 呈现诱惑环节，大多数学生都能结合自己的实际情况说出一些外界诱惑，因此可以不用讨论直接说出，最后归纳整理9条大家认为最难以抵挡的诱惑。

3. 在讨论分享环节，学生参与面广，因为都是自己身边发生的事情，讨论激烈，办法也很多，有的方法很合理，对其他同学是很好的借鉴；对于一些很有个性甚至偏激的办法，要及时予以引导点评，借助同学们的思考、回答让大家比较或认同。

二、点滴建议

1. 热身游戏“我们都是木头人”，加入站立、边口令边比画动作，增加难度，效果更好。

2. 小组分享解决办法时，可以让全体学生把对自己深有感触的办法记录下来，以免课后想不起来。

第31课　适应新起点

◎ 邢宇航

教学背景 马斯洛的“需求层次理论”认为，个体存在“生理需求、安全需求、归属和爱的需求、尊重需求、自我需求”。个体在面对新环境的时候，对安全需求、归属与爱的需求有很大渴望。高一学生刚入校，面对新环境会有诸多不适应，譬如不熟悉校园，怀念原来的学校、老师、同学等。这会使学生融入新环境更慢，因此，需要开展系列的新生入校适应训练。

教学目标

1. 让学生明白适应环境的重要性和必要性。
2. 引导学生探索解决适应困难的方法，学会自我调整。
3. 帮助学生树立主动适应环境的观念，乐观面对困难。

教学重点 让学生明白适应环境的重要性。

教学难点 学会解决困难的办法。

适合对象 七年级至高三年级。

教学时间 40 分钟。

课前准备 每位同学一张白纸。

教学过程

一、热身活动：大风吹（2 分钟）

[活动规则] 老师说“大风吹”，同学们齐问“吹什么”；老师说“吹……的人”（例如：爱笑、喜欢运动、热爱动物等），具有这种特质的人马上站起来。

［设计意图］调动学生积极性，营造轻松的课堂氛围。

二、课程导入（3 分钟）

师：好了，做完了热身小活动，接下来，我们一起来看一组图片。

（观看图片：平原上的松树、黄山上的松树和盆景松树。）

生：这不都是松树吗？（看到图片后小声讨论）

师：大家说得很对。那么，大家想想，都是松树，为什么长得不一样呢？

生：环境不一样。

生：要生存。

师：为什么环境不一样，长得就不一样呢？

生：因为气候、地势等各种原因，想要生存就必须适应周围的环境，没有适应的都死了。（学生大笑）

师：是的，大家说得很对！只有适应才能成长，只有适应才能成功。

三、活动一：济源一中地形图（10 分钟）

［活动步骤］

步骤一：请大家根据这一段时间以来对济源一中的了解，画一幅校园平面图。

步骤二：小组交流谁画得最详尽。

步骤三：展示已经毕业学生的作品，并着重指明心理辅导中心位置。

师：大家来一中已经快一个月了，大家对一中熟悉吗？

生：熟悉。/ 不熟悉。

师：接下来给大家布置一个任务，画出济源一中的校园平面图，看看哪位同学画得最快、最好。

师：好了，哪位同学愿意给大家分享一下自己的作品？

学生分享后，用多媒体课件呈现学生画的平面图。

［教师小结］适应新环境，是从熟悉、适应客观环境开始的，熟悉、认同我们

一中的校园，能够帮助大家更快地适应高中生活。

［设计意图］画地图，能激发学生的兴趣，让学生主动地了解学校环境。

四、活动二：适应困难大家谈（10 分钟）

师：开学以来，在学习、生活、人际交往等方面，你都遇到了哪些适应问题？

生：被生活老师通报，学习困难，作业多，时间紧张吃不上早饭，寝室有虫子，睡不够，监控太多，周末太短，老师太严厉……

教师板书学生发言并提炼内容。

［教师小结］通过分享，大家都了解了在学习和生活中的不适应，同时也发现并不只是自己一个人有这种状况，原来其他人也一样。每个人在新环境下都会出现各种各样的不适应，我们需要相互帮助、相互接纳，一起走过这个适应期。

［设计意图］让学生说出自己目前的困难，为下一个环节做铺垫；也给了学生宣泄的机会。

五、活动三：适应困难大家帮（15 分钟）

针对学生提出的适应问题，小组讨论应该如何解决。

生：听课困难就要先预习；抽出时间把自己会的先完成，其他时间再完成难的。

生：老师严厉，要知道严师出高徒，把心态放平。

生：寝室有虫子，可以带杀虫剂；太潮湿，可以用干燥剂。

生：时间有限，听到铃声就跑步前进，快速吃饭。

生：要学会管理时间，严格要求自己

［教师小结］通过大家的发言，我们找到了许多适应高中生活的方法，我们有信心，在新的起点上，开始新航程。

［设计意图］充分调动学生的积极性，而且学生说出的方法会更有可操作性。

最后，请大家全体起立，齐声朗读。

快乐秘诀：适应环境，改变自己。

我改变不了环境，但可以改变自己。

我改变不了事实，但可以改变态度。

我改变不了过去，但可以改变现在。

教学反思

一、创意亮点

本节课的亮点是校园地图。画画比文字描述更加轻松，而且更容易激发学生兴趣，提高学生的参与度。让学生在不断完善中加深对学校环境的印象。

二、实践心得

1. 小组讨论需要更加有目的性。

2. 分享的内容要提前引导，要积极、正面，防止个别学生起哄。

3. 语言组织有待改进。

4. 学生在谈论困难时，老师可以直接将问题按照学习、生活、人际交往三大类分别板书，这样在讨论的时候会更有指向性。

第32课　笑对挫折

◎ 王秋霞

教学背景 挫折是指个体有目的的行为受到阻碍而产生的必然的情绪反应，如失望、痛苦、沮丧、不安等。挫折易使人消极妥协。挫折包含三个方面：一是挫折情境，二是挫折认知，三是挫折反应。本课旨在引导学生在遇到挫折情境时，调整挫折认知，恰当地进行挫折反应，从而增强心理弹性。

教学目标

1. 认识挫折的积极作用。
2. 正确应对挫折，提高挫折承受能力。
3. 保持积极心态，乐观面对挫折。

教学重点 正确应对挫折，找到挫折的积极意义。

教学难点 提高挫折承受能力和应对策略。

课前准备 8 个挫折情境。（只限定大概情境范围，不呈现具体情境）

教学时间 40 分钟。

适合对象 初一至高三年级。

教学过程

一、热身活动：石头剪刀布（5 分钟）

［活动规则］学生两人一组，玩“石头剪刀布”，十局六胜，其中一人负责记录成绩。

刚才的活动，10 局都赢的同学在哪里？输了的同学请举手。10 局都输了的同学请举手。

教师邀请两位输了的同学分享感受。

生 1：刚开始我一直输，后来我停一下，捋了捋他出拳的规律，反败为胜，连赢了几次。尽管总体上我输了，但仍然很开心。

生 2：十局我一直输，真倒霉。

师：没有人是一帆风顺的，都会经历挫折。挫折是我们有目的的行为受到阻碍而产生的失落、难过等情绪体验。大家都想赢，刚才我们都遭遇了挫折，但同样的挫折导致的感受却是不同的，应对挫折的方式也不一样。也就是说我们的挫折商，也叫逆商，是不同的。

师：想提高逆商的同学请举手。

生 1：我的逆商够了，不需要再提高了。

师：太棒了，如果你愿意贡献自己的智慧，可以帮助其他同学提高逆商。

师：我们可以通过改变对挫折的认知和反应，来改变自己的情绪体验，提高自己的逆商。所以，我们今天的话题是：笑对挫折。

［设计意图］创造情境让学生体验挫折，简单介绍挫折商的概念，引出主题。

二、盘点挫折（20 分钟）

师：请大家说一说，高中三年，我们正在或可能会遭遇哪些方面的挫折？

生：学习，考试，朋友，父母，老师，异性，自卑……

师：这些事情既然避免不了，大家将如何改变自己的认知和反应，才能做到积极应对呢？

1. 随机分配小组问题。

2. 小组讨论 5 分钟，选代表分享积极应对的策略。

3. 其他同学补充。

［学生分享］

1. 考试的结果不理想，付出不等于收获。

生 1：幸亏这些考试都不是高考。

生2：要明确考试的功能，是为了检验和查漏补缺，无论知识点，还是考试技巧、考试心态、学习的时间分配、学习态度、努力程度、学习方法、学习效率，都要考虑进来，不能只顾着伤心。

2. 进入高中后的失落感，曾经的辉煌可能不复存在。

生1：努力奋斗，重新赢得辉煌。

生2：无论你是辉煌的，还是灰暗的，我们都要接纳自己，珍爱自己，因为自己才是自己最忠实的朋友，如果连自己都无法做到，又怎能要求别人？

3. 因为家庭条件、外貌、成绩、能力不如别人而感到自卑。

生1：要进行多方面比较，比如换换参照物，或者多想想自己的优势和长处。

生2：化自卑为动力；外貌是父母给的，重点是要打造自己的内涵和精神世界；家境好坏是父母挣的，关键是通过自己的奋斗能得到什么。

4. 可能会遭遇一些失去，比如失去机会、亲人或者……

生1：正是因为生活中我们一定要面临这些失去，所以我们要从现在开始，珍惜当下。

生2：有失必有得，要多考虑事情的两面性。

5. 会面临父母的高期望，会被他们怀疑、不理解。

生：等父母情绪平息后再和他们沟通，多交流，毕竟父母的出发点是好的。

6. 和同学之间难免会产生误会、猜疑，有时付出不等于回报。

生：沟通是王道，因为大家性格不同，我们要相互体谅，多宽容。

7. 和老师之间也会产生一些不愉快或冲突，比如换座位不如自己心意，觉得老师不公平。

生1：多进行换位思考。

生2：关于座位的问题，老师安排的座位没有办法让所有的人满意，你坐哪里，哪里就是最好的座位。

8. 和异性相处，可能会遭遇表白被拒等。

生：化悲痛为力量，努力努力再努力，把自己变得更优秀！

〔**教师点评**〕看来，同学们对未来已经有了足够的心理准备，如果能把挫折变成调味品，我们的日子会变得更加有滋有味。

［设计意图］让学生讨论并分享积极应对挫折情境的策略，为接下来的学习与生活做好心理准备。

三、再看挫折（10分钟）

请回忆一下，你印象最深或者对你影响最大的挫折事件是什么？无论发生在你身上，还是别人身上，最触动你的是哪件事？这件事对你有什么影响？有什么意义？

生1：看电视剧《卫子夫》，我最感动的一点是，无论遇到何种困难，她总能凭借“同心协力，心善志坚”来勇敢面对。她对我的影响就是：遇到困难时，不到最后一刻坚决不放弃希望。

生2：我曾经卖过一次“平安果”，搞了一大堆放在寝室的床上，晚上只好抱着苹果睡。一个一个包装好，装在包里骑着自行车拉出去卖，一个“平安果”只能挣几毛钱，最后好不容易卖完了，总共挣了300块。这件事对我的影响就是：体会到挣钱的不容易，以后花钱的时候知道心疼了，不再大手大脚。

生3：小学二年级参加演讲比赛，因为缺少经验，紧张得两腿发抖，大脑一片空白，凭借自己努力，依旧取得了很好的名次，收获了荣誉。这件事的意义在于：从那以后，我就有意识地利用一切机会锻炼自己的意志和胆量，现在的我已经不再怯场了。

［设计意图］引导学生回忆曾经的挫折体验，寻找挫折的意义和价值。

四、感悟分享（4分钟）

刚才同学们就挫折分享了许多应对策略和故事，你今天有什么收获和感悟呢？

生1：挫折是有意义、有价值的，它能让我们发现自己的潜力，让人生变得丰厚，变得更加多姿多彩。所以，我们要感谢并珍藏自己的每一次挫折经历。

生2：硬币有两个面，同样，挫折在带给我们失败、阻碍、伤心、难过的同时，也会赠予我们一些礼物。

[教师点评] 上天在让我们经历挫折的同时，也馈赠了一份礼物，但这些礼物需要你足够用心才能找到。

请大家在课后做一件事情，回忆发生在你身上的某个重要的挫折事件，找到它的积极意义。

[设计意图] 引导学生交流与碰撞，并且布置课后延伸活动。

五、学生齐读（1 分钟）

请同学们齐读一段文字，来结束今天的课程。

1. 接受不能改变的事实，努力改变可以改变的事情。

2. 接纳自己的不完美，允许自己失败。

3. 及时寻求帮助。

4. 感谢并珍藏每一次挫折经历，因为它们让我们成长，使我们的人生变得丰厚，变得更加多姿多彩。

[设计意图] 通过齐读，加深学生的印象，总结升华课堂目标。

教学反思

一、实践心得

（一）用学生亲身经历的挫折事件进行分析解决，这节课会更有针对性、实用性。但让学生分享自己的挫折经历会有些难度，考验老师的现场调动能力。关于这点，我有两个尝试：

1. 高中学生被动分享的占多数，他们愿意分享但不愿主动。为了区分出愿意分享的同学，我采用举手示意的方式。如：没有想到任何挫折事情的同学请举手？不愿意分享的同学请举手？之后再邀请一位没有举手的同学进行分享。

2. 降低心理防御，允许讲述他人经历。我做了这样的引导："你印象最深或者对你影响最大的挫折事件是什么？无论发生在你身上，还是别人身上，最触动你的是哪件事？这件事对你有什么影响？有什么意义？”部分同学会这样描述自己的故事：“我有个朋友，他……”

（二）关于“盘点挫折”环节，如何保证针对性、实效性，又能做到全面性，让学生对高中三年有个预测和准备？我在盘点挫折方面预备了 8 个挫折情境，只限定大概情境范围，不呈现具体事件。快速引导学生朝这些方面考虑，然后分派情境到小组，让学生讨论积极应对的策略。他们在讨论的过程中，会对模糊的情境加以具体化。教师的态度是保持中立，适当进行干预，既要以学生为主体，又要进行价值观引导。因为学生的认知和经验有限，教师有必要根据具体情况进行重点补充。

二、点滴建议

1. “盘点挫折”环节，可以采用的方式是：请你快速回忆，曾经遭遇到的挫折有哪些？好，第一时间在你脑海里浮现的挫折经历是什么事情？之后，让学生先写在小纸条上，上交汇总，随机抽签，讨论应对策略，或角色扮演，或心理剧。课后教师将这些纸条汇总，基本可以作为第一手资料，对靶向问题进行探讨。

2. 关于热身活动，在“石头剪刀布”的基础上，鸡蛋的进化、人的进化等进化论活动比较常见。教师可以根据时间、场地灵活选择。

第33课　打破完美神话

◎ 孙晓晓

教学背景 青少年正处于自我意识发展的关键时期，过度追求完美会对自我认同造成消极影响。由于家长的高期望值和教师的高要求，以及青春期对自我形象的关注等，大部分高中生对自我要求较高，对环境挑剔，过分追求完美。完美是把“双刃剑”，既能给人不断向上的动力，也会带来沉重的压力，以及面对现实时产生无力感和急躁、自卑等心理。

教学目标

1. 让学生了解正常的严格要求与过度追求完美的区别。
2. 帮助学生找到应对完美主义倾向的方法。
3. 引导学生接纳自己，对自己多一分理解与包容。

教学重点 从新的视角认识完美。

教学难点 接纳不完美的自己。

适合对象 初一到高三年级。

教学时间 40 分钟。

课前准备 视频《五十个人一个问题，你想改变自己的什么》，B5 纸。

教学过程

一、自画像（5 分钟）

［指导语］请每人拿出一张纸，用 3 分钟时间，为自己画一幅自画像。注意：不要画火柴人，不要画漫画。

师：画完的同学请举手，还没有完成的请举手！同样的时间，为什么有的同学能够很好地画出来，有的却不能呢？

生：害怕画不好；不会画；害怕画不出自己的风采；不了解自己……

师：害怕、担忧，是因为你想把理想中的自己完美地展现出来，至少不能毁了自己的形象。今天这节课的主题就是：打破完美神话。

［设计意图］ 让学生通过自画像认识到自己的不完美，引出主题。

二、你想要的完美（10 分钟）

师：同学们，你是追求完美的人吗？

生：是／不是……

师：用一个测试来验证一下。

测试内容如下：

1. 当你学习时被别人说话或打岔打扰，你会感到愤怒吗？

2. 购物时，你是不是要反复比较才能最后做决定？

3. 你是不是对那些随便发表意见的人感到非常厌恶？

4. 做事时，你是不是总喜欢尝试更好的方式？

5. 买了一件商品后，你是不是经常后悔？

6. 你是否经常因为别人的原因而放弃自己的主张？

7. 你是否非常努力地做事，但更希望自己能轻松一些？

8. 你是否常常计划今天该做什么，明天该做什么？

9. 你是否经常喜欢试衣服给别人看，问他们是否适合？

10. 你是否经常因为别人没有将事情做好，而亲自重做？

师：在刚才的测试中，如果你回答“是”的数量超过 7 个，就有完美主义倾向了。超出 7 个的请举手。

请和大家分享一件自己追求完美的事情。

生 1：不能和别人穿一样的衣服。

生 2：看电视剧必须从头开始看。

生 3：反复检查，觉得自己是强迫症患者。

生 4：书页必须平整，不允许有折页现象。

生 5：老照镜子，一直梳头。

生 6：去食堂吃饭必须走固定线路。

生 7：起床后一直整理床。

生 8：不允许和朋友有一点争吵。

生 9：买更好的手机。

生 10：强迫症，总是反复去检查门或东西。

［设计意图］引导学生分享自己的经历，让同学们知道自己追求完美，但人无完人，大家都不可能是完美的。

三、视频分享（10 分钟）

师：大家都希望自己可以完美一点。但是理想很丰满，现实太骨感。现实中的自己有时候总是那么不尽如人意，总想要改变一点点，再变一点点。我想让大家思考一个问题，假如你可以改变你身上的任何一点，你想要改变自己的什么？身高，体重，外貌，性格，成绩，发型？……

［视频分享］《五十个人一个问题，你想改变自己的什么》

师：看了这个视频，你发现了什么？

生：成人觉得自己不够好。

四、接纳不完美的自己（15 分钟）

师：视频中有句话，最近一次，你对自己很满意是什么时候？请大家自由分享一下。

生 1：当我睡到自然醒时，我对自己很满意。

生 2：当别人夸奖我的时候，我对自己很满意。

生 3：当我做了一道好菜，家人很开心的时候，我对自己很满意。

生 4：当我考试成绩有进步的时候，我对自己很满意。

生 5：看到别人不开心，把他逗笑，帮助别人走出不愉快的时候。

师：我们都希望自己具备更多优秀的品质，希望自己是受欢迎的。即使变得越来越优秀，但仍然会因为追求完美，而给自己贴上不自信、自卑的标签，影响到学习和生活，那么，我们应该怎么调整呢？大家小组讨论 3 分钟，然后在班里分享。

生 1：降低目标，多欣赏自己的优点，多回忆成绩和成功经历。

生 2：理解性格差异，允许别人和自己想法不一样。

生 3：顺其自然，平常心。

生 4：培养广泛兴趣，多交朋友。

师：大家分享得非常好。完美是把“双刃剑”，既能给人不断向上的动力，也会带来沉重的压力。所以，对于未来理想的自己，我们会努力的；但接纳当下的自己，我们会有更大的信心和勇气去面对挑战！

教学反思

一、实践心得

1. 不止一个学生提到了强迫症，说明许多人对强迫症存在误解，只要学生提到，都应该及时普及一下。学生容易把追求完美和强迫症混为一谈，有必要做一个简要澄清。

2. 在如何接纳自己的不完美的环节没有过多引导。可以在这方面进行一些尝试。

二、点滴建议

1. 课程环节的调整：以视频《五十个人一个问题，你想改变自己的什么》导入，引发大家思考：你愿意改变自己的什么？理由是什么？改变之后有何不同？然后以自画像的方式画出来，进行直观比较，差别在哪里？最后引导学生思考：改变之后自己感觉如何？当下的自己应如何做？未来的自己可以做什么？

2. 可以尝试在“你想要的完美”环节引发学生们辩论，让学生们通过辩论对“完美”有更多的认识，这样可能会有更好的效果。

第34课　我的朋友贝蒂B

——探析校园欺凌

◎ 邢宇航

教学背景 近年来，校园欺凌行为越来越多，从小学到高中，甚至到大学。年龄段在不断扩展，行为方式也越来越极端。从打人、骂人到拍裸照、视频上传网络等，这些行为不仅对受害者造成了极大的伤害，也对未成年人起到了不良的示范作用。因此，很有必要对学生进行正确的引导，让学生不做施暴者、旁观者，在遇到伤害的时候，应当积极反抗和求助。

教学目标

1. 让学生认识到校园欺凌行为的危害。

2. 通过分享、讨论的形式，分析三种角色的不同特点，找出应对校园欺凌的方法。

3. 帮助学生树立反抗意识、自我保护意识。

教学重点 分析施暴者、受害者、旁观者三种角色的不同特点。

教学难点 学生在班级分享欺凌事件。

适合对象 初一到高三年级。

教学时间 40 分钟。

课前准备 视频短片，多媒体课件。

教学过程

一、视频导入，引出主题（5 分钟）

师：我们先来看一个短片，猜猜我们今天要讨论的主题。

看完《我的朋友贝蒂 B》后，让学生分享自己的观点。

由此引出主题“初探校园欺凌”。

师：大家了解的校园欺凌行为有哪些呀？

生：打架、骂人、拍视频上传、要钱、孤立、冷暴力……

师：大家说得非常好，校园欺凌行为从形式上来说，主要有暴力行为、言语攻击、人际孤立等。

［设计意图］ 通过视频引发思考，并自然地引出本节主题。

二、简单调查、分享案例（10 分钟）

师：那么，我想问大家，校园欺凌行为中有几种角色？

生：施暴者、受害者、旁观者。

（引导分享得出）

师：大家有没有经历过或者见证过校园欺凌行为呢？举手示意。

（有一部分学生会举手）

师：哪位同学愿意给大家分享一下呢？

（在这个时候要耐心等待，要鼓励学生，让学生们感觉到这是一个安全的环境，他们才会分享）

（学生分享略）

［设计意图］ 学生分享会让同学们更有代入感，参与度会更高；但该环节一定要注意学生的情绪波动。

三、校园欺凌行为对受害者的影响（5 分钟）

师：通过刚才同学们的分享，大家能否感受到校园欺凌对受害者的影响呢？给大家 2 分钟的时间，小组分享一下，然后在全班分享。

生：心理阴影、自卑、极端反抗行为……

师：外国人在很早就意识到了，因此，他们在这方面的研究相对全面一些。接下来，我们来了解一下他们的研究成果。

研究来源：2014 年《美国精神病学杂志》。

研究对象：7771 名出生于 1958 年第一周且在 7 ～ 11 岁受过欺凌的人。

研究方法：长期持续追踪，定期询问他们的心理健康、社会关系、生活质量，以及职业和经济情况，直到他们 50 岁。

研究结果：28% 的儿童偶尔被欺凌，15% 的儿童经常被欺凌；在几乎每一项衡量标准中，那些童年时期曾被欺凌过的孩子，人生中会遇到更多的问题；他们在 23 岁和 50 岁时都会遇到更大的心理困扰；童年时经常被欺负的孩子在 45 岁时会有更大的抑郁、焦虑和自杀风险，50 岁时认知功能也会表现较差；童年时经常遭受欺凌与受教育程度较低存在一定联系；童年时期遭受过欺凌的孩子不仅对自己现在的生活不满意，并且对未来也更为悲观。

师：大家看了这些研究结果后有什么感受？

生：震惊。

师：你们愿意自己成为受害者吗？

生：不愿意。

师：我相信大家同样不愿意成为施暴者或者旁观者，我们要避免这种行为的出现，就要分析原因，找到解决方法。接下来，我们进入最后一项。

四、分析三种角色特点及成因进而获得应对方法（20 分钟）

师：接下来，给大家 5 分钟的小组讨论时间，探讨施暴者、受害者、旁观者的特点（性格、体貌等），以及欺凌行为发生时他们的心理活动。5 分钟后，自由分享。

生：施暴者——强势、朋友多、暴力倾向、心理扭曲、嫉妒、曾经被欺负、受家庭影响；他们欺负人时，有快感，不可控制。

生：受害者——软弱、瘦小、强壮但懦弱、人缘差、情商低、胆小、脆弱；被欺负的时候可能会很愤怒、委屈，但是事后，因为害怕被再欺负或者基于“面子文化”“义气文化”而不愿意跟老师说。感觉“可怜之人必有可恨之处”吧。

生：旁观者——事不关己、多一事不如少一事、看热闹；这些人可能看的时候会从开始的轻松慢慢变得沉重。旁观者有时候是最可恶的，因为他们的存在助长了施暴者的气焰。

师：大家分析得这么透彻，其实，应对方法相应就出来了。答案就在你们刚才分享的内容里。受害者如果第一次被欺负的时候，就反抗或者告诉老师、家长，他再被欺负的概率大吗？如果你人缘比较好，会被欺负吗？如果你遇事就反抗，会被欺负吗？如果你相信老师，会被欺负吗？谁来说说，如何应对校园欺凌？

生：平时和同学处好关系；多与老师交流，不要觉得告诉老师是打小报告的行为；刚遇到欺凌行为的时候，一定要求助或者反抗，要不然会被一直欺负下去的；最关键的还是自己得强大。

师：是的，受害者之所以成为受害者，一定有其自身原因，相信大家都不愿意成为施暴者、旁观者，更不愿意成为受害者，所以，希望各位记住今天你们想到的应对方法，让自己从性格、身体、人际等方面强大起来，遇到欺凌行为的时候，勇于说不。

教学反思

一、创意亮点

本课侧重对校园欺凌事件中的三种角色——施暴者、受害者、旁观者的心理分析，让学生结合自己或周围人的经历，从这三种角色的情绪、性格、人际模式等方面进行分析。分析的过程，就是学生发现解决方法的过程。

二、实践心得

1. 氛围营造。校园欺凌这个话题，很多学生都听说过或经历过。但是，当真正讨论这个话题的时候，一些同学会畏首畏尾，不敢分享自己的观点；有一些同学则是事不关已、幸灾乐祸的态度。所以，在上课开始阶段就要引导学生认真对待，营造私密、认真的课堂氛围，让同学们严肃、勇敢地分享自己的观点。

2. 观点引导。以往校园欺凌话题的核心是引导学生如何应对，本节课着重分析施暴者、受害者、旁观者三者的性格特点、心理因素等，引导学生树立不断完善自己性格的观念，进而讨论具体的应对方法。

第35课　致失去的云朵

——正确认识成长中的得与失

◎ 邢宇航

教学背景 中学生的自我意识快速发展，学生在这一时期对生命的意义和价值都会有深入的思考，尤其是在日常生活、学习、人际交往中会频繁遇到得与失的苦恼和矛盾，对学生的情绪有较大影响。高中阶段，紧张的学习、相对封闭的环境可能会强化这种矛盾的影响，为了让学生正确认识、对待生活中的得与失，故而设计本节课。

教学目标

1. 让学生意识到生活中的得到与失去都是正常的。
2. 引导学生学会从自己经历的事件中汲取积极因素。
3. 帮助学生树立积极乐观的人生态度，接纳生活中的得与失。

教学重点 让学生体验到得与失是相对的。

教学难点 激发学生对于生活中得与失的情绪体验。

适合对象 初三至高三年级。

教学时间 40 分钟。

课堂准备 视频短片、多媒体课件。

教学过程

一、热身活动：快速反应（3 分钟）

师：上课之前，我想问大家几个问题，一般小学生回答问题时是什么样子？

生：手举很高（同时进行示范）。

师：那初中生呢？

生：大部分是胳膊放桌上举手。

师：那高中生呢？

生：有人可能趴桌上不举手。

师：好，接下来这个活动就很简单了，当我说“小学、初中、高中”时，你们要快速做出举手反应，但是，我希望咱们高中生能够更加积极。所以，当我说“高中”时，大家双手同时举高，好吗？

生：好。

［设计意图］活跃课堂气氛，调动学生回答问题的积极性。

二、情境活动，导入主题（4分钟）

师：刚才大家表现得很好，反应很快，作为奖励，我要把我的手机发给某位同学，让他随便玩，哪位同学愿意呀？

生：（一些人嘀咕）真的假的？

生：又在挖坑吧！

生：（更多人）老师，我要，给我！

师：好，我离这位女生最近，就给她吧。

师：我是真心给你的，来，给你解锁，手机包月，不限流量，随便玩。

生1：老师，那我看视频了。

师：好，没问题，随便看。

（在学生打开视频APP后，趁其不备，将手机夺走）

生1：啊?!

师：现在心情如何？

生1：我就知道你不会让我看的。

师：一点情绪波动都没有吗？

生1：肯定不爽呀，刚打开视频就被你抢走了。

师：我为刚才的行为向你道歉，同时也感谢你为大家做了一个演示。我想问大家，在刚才这段时间，这位同学经历了什么？

生1：你骗了她。

生2：你给了她一个手机，又把手机拿走了。

师：大家说得很好，我的行为使这位同学在短短几十秒经历了得到和失去，对吗？

生：是的！

师：这就是我们今天的主题："得与失"。接下来，我们先看一个视频《致失去的云朵》。

［设计意图］ 通过该活动，导入本节主题。这种比较新颖的互动模式，会激发学生的兴趣。

三、视频赏析（8分钟）

师：刚才大家看得很认真，而且你们的表情和肢体语言告诉我，你们有很多想说的。大家先组内分享2分钟，然后在班内分享。

师：好了，时间到了，有哪位同学来分享一下？

生1：安娜最开始得到了云朵，收获了云朵的友谊；后来，失去了云朵，但是云朵得到了自由。

生2：最开始云朵得到了安娜的友谊，失去了家人和自由；后来，云朵得到了家人和自由以及美好的回忆，失去了安娜的陪伴。

四、绘制、分享"得失曲线"（25分钟）

师：大家分享得很好，安娜和云朵的心思都被你们读懂了。接下来，每个人拿出一张空白纸，在纸上画一个从左向右的时间轴，左边起点代表出生，右边箭头指向现在的年龄，大家在这个时间轴对应的时间点上，写下自己经历的"得与失"，上面写得到的经历，下面写失去的经历，时间10分钟。

［设计意图］ 学生绘制的过程，也是进一步认识自我的过程；写下得到能进一步认可自己，写下失去也是向过去做一个告别。

(学生思考并行动。)

师：好，时间到。大家以小组为单位，先进行组内分享。

师：独乐乐不如众乐乐，大家交流得这么热烈，有谁愿意分享一下？

生1：7岁上小学后我失去了快乐、无忧的童年，得到的是反抗后的释怀、解脱；12岁我失去了自己与朋友交际的机会，得到了妈妈的庇护和老师的关心；15岁因为个人原因没有住校，失去了住寝室的体验和贴心的室友们，得到了更舒适的住宿环境；16岁我到高中后失去了玩耍的时间，得到了更多的学习机会。

生2：出生的时候，我来到了这个美丽的世界，拥有了意识和自由，失去了最原始的住房；4岁的时候得到了可贵的品质和家人的爱护，失去了最宝贵的东西，出现性格缺陷；13岁时得到了一生都难获得的事情，失去了自由；16岁时更加懂事了，认识到了自主的重要性，失去了喜欢的人。

生3：小学之后，失去了家人时刻的陪伴，得到了老师的信任和关爱、同学的友谊；初中之后，失去了悠闲的时光，得到了丰富的知识；高中失去了舒适的生活，得到了开阔的眼界、更高的品位，体验到了生命的厚重，以及对未来的美好期待。

师：大家分享得很棒，我也能从这几位同学的分享中，感受到他们成长的力量！相信每位同学都有自己不同的经历和感受。那么，上完这节课后，大家有什么感悟呢？有没有同学愿意分享一下？

生1：人生起起伏伏，风水轮流转，何必太在意得与失。

生2：得与失都是均衡的，得到多少，就可能会失去多少；同样地，失去多少，可能也会得到多少。所以，我们要理性对待自己的得失。

生3：得到了，应该知足；失去了，伤心很正常，是个人都会伤心的，所以，用平常心对待吧。

生4：最美的惊喜，不是得到，而是学会付出。

生5：得与失是并存的，得到一些的同时，可能会失去另外一些，就像我们现在，在学校得到了知识，失去的是暂时的自由。这是我们要获得知识、考上好学校需要付出的，可以认为是失去，也可以认为是应该付出的代价。

师：感谢大家认真的分享，的确，得与失是辩证存在的，正如俗话所说：有得必有失。成长过程中，难免会有失去，希望大家能够接纳它，积极面对，一定会有“得到”的！

教学反思

一、实践心得

1. 在上本节课时，开始出现了很多问题，最突出的就是这个话题不能很好地调动学生的参与积极性，没有让学生产生共鸣。上完第一节课后，针对高中生现在普遍存在的“回答问题不积极，只看其他同学热闹”的现象，想到了设计本节课的热身活动，这样就能在学生回答问题不积极时，起到调动学生积极性的作用。

2.“抢手机”是结合自己轻松、幽默的上课风格设计的，在第二个班尝试之后，效果很好；但一定要注意手机最好给平时比较活泼开朗的学生，这样师生互动会比较轻松、顺利，如果给了相对内向的学生，可能会冷场，学生也会起哄，我在第四个班便遇到了这种问题。但遇到这种情况时，不要慌张，可以很淡定地再找一个活泼的学生尝试一次，因为学生们还是很喜欢这种方式的。一般只找一个学生体验该活动即可，因为活动的目的是引出主题。

3. 适当的“撒娇”有助于学生积极回答问题。学生不回答问题，不是没有想法，而是不愿意回答问题，一方面是在课堂上形成的，另一方面也说明师生距离比较疏远。适度的“撒娇”会有效地拉近师生距离，我就适当地用了“撒娇”。如：在让学生分享自己的经历时，在某个班没有人愿意第一个分享，我就说：“你们看，老师这么圆润的身材，站了半节课，你们也不体谅体谅我，要是没有人起来分享，我就没有办法坐下来！”

二、点滴建议

学生组内交流的时候，最好选择一两个小组，旁听一下，及时了解学生的观点，这也会对接下来的分享环节有帮助。

教师需要做好引导者和主持人的角色，多倾听、鼓励、引导，让学生自己去体验、分享。每个人对得失的想法是不同的，所以，教师要引导大家接纳不同的想法。

不是所有的失去都会有与之对应的得到，有的可能需要一段时间，有的可能在其他方面有所收获，而学生却没有意识到。如何让学生合理对待这些“失去”，课堂上并没有明确提到。虽然，在最后老师的结束语中，提到了要接纳、积极面对，但依然太过笼统。在学生分享个人经历的环节，如果添加一个明确问题“大家经历过只有失去没有得到吗”，让学生就此适当讨论，可能会有更好的效果。同时，仪式也是很重要的，与“失去”进行一个告别仪式，对学生接纳“失去”也会有较好的帮助。

第36课　正视压力，学会减压

◎ 杨松涛

教学背景 学生、家庭、社会十分看重学习成绩，学生的学习压力明显增大，同时还要面对生活、人际交往等方面的问题，学生会陷入迷茫、抑郁、无所适从，甚至走向极端。适时对学生进行心理疏导、减压就显得十分必要。根据《中小学心理健康教育指导纲要》中关于“情绪调适，积极应对考试压力，克服考试焦虑，帮助学生进一步提高承受失败和应对挫折的能力，形成良好的意志品质”的要求，通过体验、探究、合作、问题解决等方式向同学们介绍情绪“ABCDE”理论，引导学生正确面对、科学合理释放压力。

教学目标

1. 了解不同的压力状态。
2. 体验压力，正视压力。
3. 积极乐观地应对压力。

教学重点、难点 让学生正视压力，积极乐观地应对压力。

适合对象 九年级和高三年级。

教学时间 40 分钟。

课前准备 学生压力源调查，气球若干。

教学过程

一、欣赏图片，引出主题（2 分钟）

师：请观看图片，说说你的直观感受。(多媒体展示常用的测压图片)

生：图片晃动比较快时，感到有点头晕、不安、急躁……

师：这几张图片是很流行的测压图片。我的直接感受是超负荷的压力会给我们带来消极影响，我们需要学习一些方法正确面对解决它。

［设计意图］激发学生兴趣，引发学生思考。

二、热身活动：多变气球（5 分钟）

师：我们现在需要 4 名学生参与实验。

(学生主动走上讲台。)

师：每人发一个气球，分别吹出气量很少、适中、过量、吹爆等状态。

(4 种状态让同学自由选择，适当进行鼓励，如果直接分的话怕有的同学有退缩现象，也可鼓励其他同学上台挑战)

师：刚才我们进行了一个很有趣的实验，请大家谈谈感受。

生：事实上，我们每一个人也好比一个气球，压力就像气球里的空气，随着不断吹气，压力会对我们产生不同的影响。过大、过小对我们都不利，只有适度的压力才有利于我们。

师：各种活动都存在一个最佳的压力水平。动机不足或过分强烈，都会使工作效率下降。压力强度处于中等水平时，工作效率最高，压力强度超过和低于这个水平，对我们都会产生一定的阻碍作用。

［设计意图］活跃气氛，通过气球的直观形象切实体验压力，让学生形成只有适度的压力才对我们更有益的共识。

三、互动探究，反思成长（10 分钟）

师：我们都希望生活一帆风顺、事事顺心，但生活中我们难免会遇到这样那样的问题。面对同一件事，不同的人会产生不同的压力，做出不同的反应。现在我们就来研讨一个我们身边的案例。

案例：小张的妈妈希望他能考上一所好大学，十分重视他的成绩，平时考好了还行，只要考差了家长就会很担心，甚至怀疑他没有努力。小张平时学习确实很用功，可是只要想到自己的妈妈，就感觉压力很大，心里很烦，不愿回家，无心学习。

师：请同学们分组讨论，假如你是主人公，你会怎么办？

（学生讨论，小组代表分享。）

生1：理解父母的期盼，和父母进行一次深入的交流，争取父母的理解支持。

生2：给父母写信，把自己的苦恼告诉家长。

生3：听听音乐，放松一下自己。

生4：寻求老师的帮助。

…………

师：大家的意见很好，其实我们知道很多调节压力的方法，比如做些让步、大喊、吃些零食、换个环境等，但是往往当我们遇到事情时，好像这些方法都不管用了，也不会用了。

（学生陷入深思。）

师：我们之所以会无计可施，主要是因为我们调节压力的方法不够系统，没有规律，今天我就要给大家推荐一个系统调节压力的办法。

［设计意图］ 引导学生在案例中主动探索解决问题的办法，在解决问题中激发思考，变被动学习为主动探究。

四、系统学习，科学调压（10分钟）

师：我们共同学习一下美国心理学家艾里斯的情绪“ABCDE”理论：

面对诱发事件A，我们会产生理性和非理性的信念B，从而引发情绪和行为C（健康和非健康）。在认知过程的基础上，我们要用合理的信念驳斥、对抗不合理的信念（D过程），从而产生认知、情绪和行动上的改善（E过程）。

师：为了加强对这种方法的运用，请大家结合案例运用这种方法帮助一下小张。请大家分组讨论。

师：现在我们一起来帮助小张。小张的A是什么？

生：家长期望值高，不理解，不能保证每次成绩优秀，学习压力大。

师：小张的 B 是什么？

生：抱怨、烦躁、苦闷、生气……

师：小张的 C 是什么？

生：压力大，心里烦，不愿回家，无心学习……

师：相信这种结果不是小张想要的，我们现在来帮助小张用合理的信念驳斥、对抗不合理的信念。

生：理解家长的苦心，多和家长聊聊自己的志向和表现，以得到家长的认同理解；认真分析自身学习上存在的问题，借鉴学习优秀同学的经验，努力改变提高学习成绩；有一点阿 Q 思想，自我安慰鼓励。

师：如果小张有了理性的信念，他会有怎样的改变？

生：和家长及时沟通，达成理解支持；向同学学习，认真分析问题，努力提高；劳逸结合，合理定位，做最好的自己……

师：很好，相信这也是小张想要的吧。

（学生笑。）

［设计意图］ 通过介绍运用“ABCDE”系统调节压力法让学生认识到此方法的实用性，从而切实运用到实际生活中去。

五、实操演练，重构压力（13 分钟）

师：对案例的分析让我们明白：其实很多时候，偏执致使我们出现“压力山大”的困扰，带来了消极的影响。因此，我们需要对自己进行认真的分析，通过运用情绪“ABCDE”理论重构压力，形成对自己的正确认识，正确指导自己的发展。

请每一个同学写出自己目前感觉“压力山大”的事情，运用“ABCDE”系统调节压力法进行自我剖析，填写《“重新建构压力认识”记录表》。

生 1：以前遇到事情总是觉得是自己的错，比如与同学闹情绪，老是觉得自己做得不够好，往自己身上揽责任，越是这样越自责内疚，心里很难受，找不到存在感。学习压力调节方法能够让我冷静下来，认真、理智地分析事情的原委，找出解决问题的突破口，这样自己感觉好了很多，也没那么大压力了。

生 2：以前一学习就“压力山大”，什么也不想干，最后问题越积越多，只能逃避。学习这个方法后，在学习中遇到问题时，我会运用这个方法，认真分析解决，帮助自己更好地成长。

［设计意图］通过个人实际运用分享、同学建议完善来帮助学生深刻领会压力调节法的运用，检测课堂效果。

［结束语］面对竞争和自我成长的需求，我们每个人都有压力。遇到压力时，我们要积极面对，理智应对，科学调节。因为我们的每一次成长都是在压力下实现的，让我们对压力心存一份感激吧。

教学反思

一、创意亮点

通过实验展示气球的几种状态，将抽象的“压力”具体化、形象化，可感可触，便于学生直观理解。

二、实践心得

1. 让学生认识到压力是成长的重要内容，平心静气面对困难。课后学生说道：“以前总觉得有压力不是什么好事，今天通过游戏实验让我认识到人还是要有一定压力的，这样既便于促进我们成长，也让我们的生活更加精彩。”

2. 让学生学会多维度分析问题，避免偏执消极。通过互动探究、案例分析，学生认为理论很好，但在实际行动中往往受认知的局限和情绪的影响，不容易保持冷静理智，很难实现由 C 向 D 的转变。那么，如何让学生用合理的信念驳斥、对抗不合理的信念，让学生学会多角度看问题、多维度分析问题，避免偏执消极，是我们需要研究的课题。

3. 让学生在面对解决困难中找到正面动机，树立自信。从学生的课堂表现和情绪表达中，我看到学生更加自信了。如何更好地引导学生发觉隐藏在消极情绪背后的正面动机，让学生更加客观全面地看待问题，需要我们进一步探索研究。

三、点滴建议

1. 让学生逐步积累建立自己的问题思维导图，运用情绪的“ABCDE”理论分类进行分析研究，让学生形成理智、冷静地科学解决问题的习惯。

2. 帮助学生养成定期总结成功经验的习惯，善于独立思考、举一反三，增强自信心。

第37课　催眠减压

◎ 翟卓宏

教学背景 进入高中以后，学生们的生活、学习节奏加快，经常感觉“压力山大”，出现睡眠障碍、考试焦虑、神经衰弱等情况，却找不到有效释放压力的办法。

教学目标

1. 让学生了解催眠、体验催眠。

2. 学会简单的自我催眠技巧。

教学重点 自我催眠的方法与技巧。

教学难点 正确认识催眠。

适合对象 初一至高三年级。

课程时间 40 分钟。

课前准备 短片《挑战不可能》中狐狸犬催眠的片段（8 分钟）。

教学过程

一、看视频，判对错（10 分钟）

师：大家都看过很多关于催眠的影视作品，下面我做一个调查：认为催眠就是让人睡觉的请举手。认为催眠就是让人处于一种恍惚状态，然后套取他的银行密码的请举手。认为催眠就是控制人的请举手。好，不同的人对催眠有不同的认识，那么同学们的理解到底对不对呢？我们一起来看一个短片。在看短片的过程中，认真听主持人和嘉宾说的每一句话，一会儿我们来判断一下哪些是对的，哪些是错的。

（播放短片《挑战不可能》栏目中狐狸犬催眠人的片段。）

师：这段视频看完了，下面开始我们的问答环节。第一个问题：实施催眠的是狐狸犬还是抱着狐狸犬的人？

生：抱着狐狸犬的人。

师：狐狸犬的作用是什么？

生：导入催眠的工具。

师：催眠是让人睡觉吗？

生：不是。

师：那么催眠是什么？

生：催眠是催眠师在被催眠者愿意的前提下，通过视、听、触等感觉通道把被催眠者带入一种高度受暗示的心理状态。

师：催眠的作用有哪些？

生：心理咨询、医疗、教育、舞台表演。

师：意志力越强越不容易被催眠吗？

生：是。

师：这个观点是错的。大家听说过“关羽刮骨疗毒”的故事吗？关羽在接受刮骨疗毒时的状态，其实就是一种深度催眠状态，在这种状态下，会产生一种催眠现象，叫“痛觉缺失”。关羽的意志力不强吗？但是你们看他进入的状态有多深！

师：下一个问题，催眠师在催眠之前为什么要挑选催眠对象？

生：有些人容易被催眠。

师：对，因为不同的人接收信息的方式不同，有些人更容易接收直接暗示，有些人更容易接收间接暗示，有些人对直接暗示和间接暗示都非常敏感，这就是我们通常所说的梦游型的人，舞台催眠挑选的就是这类人。因此，你会发现在做催眠的时候总有一些人能够进入深度催眠状态，也总有一些人进入不了催眠状态。

师：下一个问题，从视频中可以看到主持人撒贝宁有一个示意大家安静的动作，那么是不是只有在绝对安静的情况下才能实施催眠？

生：是的。

师：传统催眠是这样认为的，但是现代催眠的信息过载理论认为在相对嘈杂的情况下，甚至是在日常生活中都可以实施催眠。通过这些问答，我们了解了什么是催眠，那么大家是否想体验一下催眠的感觉呢？

生：想。

［设计意图］ 引起学生的好奇心，用问题引发学生思考，通过教师解答来加深对催眠的认识。

二、做催眠，重体验（20 分钟）

师：好，接下来，我就带领大家体验一下催眠。首先，我需要强调一点：如果你不愿意体验催眠，那就请你静静地坐在自己的座位上，不要干扰其他同学。

催眠过程中我会让大家做几个动作，我先带着大家做一遍，确保一会儿你在做催眠时不至于做错或被磕到碰到。请脖子上、手腕上带有东西的同学，把东西取下来。

第一个动作：双臂向前平伸，十指向前。一会儿我会从 1 数到 3，当我数到 3 的时候，让你的左臂完全放松，不加任何控制，掉落到你的腿上。注意你手臂的位置和角度，不要让它掉在前边椅子的椅背上或扶手上。好，1，2，3，放下。好，非常好。

第二个动作：请高高举起你的右手，握紧拳头，一会儿我会从 1 数到 3，当我数到 3 的时候，手臂完全地放松，不加任何控制，让它掉落到你的右腿上。1，2，3，放下。好，很好。

第三个动作：举起你的左手，五指分开，离你的脸大概 30 厘米的距离（做示范，掌心面对脸约 30 厘米的距离），我将以你的手为注意力的焦点来催眠你。催眠就是提高你的注意力，放大你的专注度。一会儿我会让你的手慢慢向脸部靠近，记住，在这个过程中，不要刻意去配合我或者阻抗我，只需要听从你身体的指令，跟着感觉走。什么叫不要刻意配合呢？有些人举起手之后，刚听我数1，2，3，大巴掌就打自己脸上了，这就叫刻意配合。什么叫刻意阻抗？有同学说，你让我靠近脸部，我偏不，就不动，气死你，看你能不能把我催进去，这就叫刻意阻抗。好，现在把手放下。

现在，我将要通过催眠你来帮助你，我会保证你是安全的，并且我希望我要求你做的任何事你都能立刻不假思索地去完成。我将要催眠你并帮助你克服妨碍你幸福的一切障碍。你同意吗？如果你同意，就请大声说出来！

现在，我们已经有了一份协议，接下来，请用30秒的时间思考一下你想要通过催眠来消除什么有害的、消极的情绪，获得什么好的、积极的情绪。

好，现在，请大家自然地坐在椅子上，背靠在椅背上，双脚分开，平放在地板上，自然放松。把你的双手放在双腿上，一条腿上放一只。下面，请做深呼吸，体会深呼吸时身体的感觉：吸气时，你会感到一股新鲜的、充满能量的氧气通过鼻腔，经由喉咙到达胸腹，你感到自己的小腹微微收缩，这些充满能量的氧气在滋润着你的身体。在呼气的时候，缓缓地、长长地呼出你体内的浊气，你感觉到腹部微微隆起。在每一次呼气的时候，让自己更加放松，深呼吸，然后缓缓地、长长地呼气，放松你的头部、颈部、双肩、双臂和双腿，每次深呼吸，都让自己的身体更加放松，包括你身体的每个部位、每块肌肉、每寸皮肤，甚至每个细胞、每根神经。几次深呼吸后，你会感觉自己的身体更加放松，眼皮也变得更加沉重，如果你感觉眼皮越来越重，那就跟着这种感觉，听从身体给你下达的指令，慢慢地闭上眼睛，这会让你感觉更加舒适、更加放松。请保持闭眼的状态，直到我让你睁开为止。

等一会儿我会从1数到3，当我数到3的时候，双臂向前平伸，十指向前。1，2，3，平伸双臂，十指向前，非常好。现在，你的双臂正保持着这样的状态，平举在你的面前，这是真实的存在，不是你的想象。然后我会从3数到1，当我数到1的时候，让你的左手快速地掉落在你的腿上，当你的左手快速掉落在你的腿上时，你的身体会靠在椅背上，头部自然下垂，身体会更加放松。好，3，2，1，放下，好，做得非常好。

此刻，你可以什么都不用去想，让自己享受这种轻松的、无比放松的感觉，你的潜意识会帮助你找到自己想要的。现在，在心里默默地告诉自己：我允许自己进入这种完全放松的状态，在心里给自己一些想要的暗示，那是你平时想做但做不到的，其实你知道，你自己完全可以做得很好，只是有时候你的意识和潜意识达不到一致，所以没有好好去执行，但是你知道，你自己完全可以做得很好，把这些你想要的、积极的暗示安装在你的身体里，牢牢地安装在你的身体里。

好，非常好！

一会儿我会从 0 数到 5，我每数一个数字，你都会越来越清醒，当我数到 5 的时候，你会睁开眼睛，完全清醒，你的眼睛会更加明亮，头脑会更加清醒。0，更深地睡着；1，请关闭你潜意识的大门；2，越来越清醒；3，坐直你的身体；4，深吸一口气；5，睁开眼睛，完全清醒！

师：好，请大家搓搓手、揉揉脸，从刚才的催眠状态中回到我们的现实中来。接下来，我要请几位同学分享一下被催眠的感觉。

生 1：我感觉已经进入深度催眠状态，醒来后班主任问我发生了什么，我什么都不记得了，感觉神清气爽，很神奇。

生 2：感觉进入得不是太深，因为很好奇，所以总是有意地在观察其他同学的反应，这可能是我进入不深的原因吧。

生 3：当你说到“眼皮很沉，感觉很困”的时候，我真的觉得好困，马上就放松下来了，身体一放松，精神也放松了。整体感觉很舒服、很放松。

生 4：我的手慢慢向脸部靠近的过程中，我曾经试图不让自己那么做，但是竟然发现我做不到，就那样慢慢地慢慢地跟着老师的指令走了下去，真的很神奇。

[设计意图] 让学生从体验中进一步加深对催眠的了解。

三、学催眠，重实践（10 分钟）

师：其实，所有的催眠，最终都是自我催眠。所以，你可以做自己的催眠师，在需要的时候进行自我引导。下面向大家介绍几种简单的自我催眠技巧。请大家跟着我的指令来做。

1. 凝视、闭眼、放松。现在，在天花板上找到一个点，把注意力集中在这个点上，做三次深呼吸，每一次呼吸都让自己更加放松下来，吸气，憋气，呼气，憋气……（三次）当你把注意力集中在那一点上的时候，去体会你的眼皮正变得越来越沉，感觉越来越困。当你感觉越来越困的时候，轻轻闭上眼睛，随着每一次呼吸都让自己更加放松，此时，你可以什么都不用去想，什么都不用去做，只是放松下来，放松下来……

2. 数数。闭上眼睛，在心里默数，每数一个数字都让自己更深地放松下来，依次放松头部、双肩、胸部……

3. 下楼梯。现在，做三次深呼吸，在第三次呼气的时候闭上眼睛，在脑海里想象有这样一个楼梯，它宽敞、明亮，两侧有着坚固的扶手，想象你自己正站在楼梯的顶端，开始逐级而下，每下一级楼梯，就让自己越来越放松……

师：同学们，我们今天了解了催眠，体验了催眠，也教给了大家一些简单的自我催眠的技巧。其实，催眠并不神秘，它是减压放松的一种非常有效的方法。从广义上来讲，一个人向另一个人输入信息，被接收的过程就是一个催眠的过程。所以，人生处处有催眠，我们每天不外乎处于三种状态：被他人催眠、催眠他人和自我催眠。希望通过这节课的学习和体验，大家对催眠有一个正确的认识，能够使用好催眠这个有效的工具。

[设计意图] 教给学生一些简单的自我催眠技巧，以便在需要的时候随时可用。

教学反思

一、实践心得

（一）效果评价：课程紧扣催眠减压的主题，通过导入、观看视频，正确认识、体验催眠，学生分享，学习技巧几个环节，让学生正确认识催眠，掌握一些简单的技巧和方法，应用于实际的生活和学习中，总体效果不错。

（二）注意事项：

1. 几个环节的设置，顺序不能颠倒，因为如果对催眠没有一个正确的认识，就会有意地抵触接受催眠，后边的环节也就没有意义了。

2. 在体验催眠之前，一定要带着学生在睁眼的情况下提前做一下动作，确保学生是安全的，这样学生才不会产生阻抗。

3. 必须提前强调，不愿意体验催眠的同学保持安静，不要影响其他同学体验催眠。

二、点滴建议

可以列举一些生活中的催眠现象，如骗子行骗、传销等，解析其使用的催眠原理，让学生识破其行骗的伎俩，避免在生活中被一些别有用心的人骗到。

第38课　极速13张

◎ 武志光

教学背景 现代社会时时处处充满了竞争与合作，这已经成为新时代的主旋律，但是学生们的在校时间大部分都是在教室度过的，培养团队意识与协作精神的教育契机不够充足。基于此种情况，设计了关于团队协作的辅导活动，以期引导学生学会为集体着想，奉献个人力量，讲求相互协作，富有担当意识。

教学目标

1. 认识团结、协作、配合的重要性。

2. 锻炼分工、合作的行为品质。

3. 提升集体荣誉感和责任担当意识。

教学重点、难点 锻炼分工、合作的行为品质，提升集体荣誉感和责任担当意识。

适合对象 小学至高中年级。

教学时间 40 分钟。

课前准备 开阔的场地，一副扑克牌。

教学过程

一、热身活动：马兰花开（7 分钟）

[活动规则]

1. 全班学生围绕老师站成一个圆圈，并围着老师走起来。

2. 边走边喊："马兰花，马兰花，风吹雨打都不怕，请问要开几朵花？"老师随机说出一个数字，例如“五朵”，五个学生就要赶快抱在一起。

3. 不够五人或多于五人的，就要接受一个小小的“奖励”，即共同表演一个小节目，如唱歌、跳舞、讲笑话等。

（最后一次喊出的数字要能把全体学生大致平均分成 4 组，为下一个游戏做分组准备。不能完全平均的，根据情况抽调几名学生做老师的助手）

［设计意图］活跃气氛，实现分组。

二、主体活动：极速 13 张（23 分钟）

师：我们分成了 4 个组，现在我们开始今天的主体活动：极速 13 张。

询问：如果哪位同学有伤在身或者身体不适，不方便参加活动的，举手示意，可来做老师的助手。（由于此项活动需要奔跑，需要注意安全。安全原则也是心理课堂要始终坚持的原则，确保学生们在心理课堂上不出意外，保护学生，真正给学生以快乐）

［活动规则］

1. 每组同学在起始线之后站成一列纵队，任务开始后，在队长的组织下，按照顺序进行比赛。

2. 在每组的正前方摆放挑战时要翻动的同花色扑克牌 13 张，花色朝下随机摆放，每组同学要从规定的起始线开始到达扑克牌的位置，依次按数字从小到大的顺序将扑克牌翻过来。

3. 听到开始口令后，每组每次只能派出 1 名同学去翻动扑克牌，并且每人每次只能翻动 1 张扑克牌，不论数字正确与否，翻完后返回起始线后，再换一名同学前往。

4. 每次翻动，如果翻开的扑克牌数字不正确，则要把扑克牌继续正面朝下摆放；如果是正确数字，则正面朝上摆放。

5. 全部按要求翻完 13 张扑克牌的，即为完成任务。以完成快慢决定胜出顺序。

［设计意图］让学生在团体活动中练习协作配合，展现团队精神。

三、说说感悟（10 分钟）

在 2 分钟的小组讨论后，让学生分享活动感悟。

师：在刚才的活动过程中，我从同学们的肢体语言和面部表情上看到了认真、拼搏、着急、忙乱、兴奋、喜悦、失落、肯定等。大家都想让自己的组第一个胜出，但是有的成功了，有的没有。活动结束了，大家一定会有很多的心里话，现在就说给大家听听吧。

生 1：我们共同商量的策略是：每个人依次按顺时针翻牌，把自己翻过的牌横向放，算是一个小小的标记，这样就不会搞乱。每个人要记住自己翻的牌，这样的话，两轮就可以完成。

生 2：在有限的时间里要做好配合与服从，还要做好沟通与倾听，否则很混乱。

生 3：每一个人都要全心投入，并且要相互鼓励，这样才能完成好共同的任务。只有几个人在用心参与明显不够，要想团队获胜，就需要所有人共同努力。

师：大家能从今天这个游戏活动中感悟到团队协作的重要性，非常好！请大家就个人与团队的关系这个话题，继续分享你的感悟。

生 1：对于一个团队来说，每个人都很重要，每个人都是关键的一员。每个人做好自己的事情，就是对团队最大的贡献。

生 2：个人要服从集体。我们都听从组长的安排，每个人记住自己翻的牌和对应位置，站到自己对应的位置上，到了就果断快速上场。

生 3：第一轮，我们组的牌是挨着的，第二轮则不是，我们没有预料到这种情况。第二轮的难度增加了，我们就乱了阵脚。

生 4：第一轮失败之后，我们集体商讨并改进了方法，更加团结，第二轮完成得更好。所以失败之后的成功更加让我们兴奋。

生 5：集体的智慧很重要。我们在纸上把每个人翻的牌的位置画下来，能够快速准确地找到该翻的牌，所以说要学会利用工具。

生 6：我感觉在比赛过程中，大家都在努力，都在为自己的小组争光。

生 7：团结协作很重要，不抛弃不放弃，付出努力，即使没有得第一也很开心。

生 8：比赛过程中大家要彼此分享信息，才能不做重复的无用功，要多交流。

［设计意图］给学生提供契机，让他们厘清个人努力与团队协作的关系，从而强化集体意识和担当精神。

［结束语］“一个和尚挑水喝，两个和尚抬水喝，三个和尚没水喝”的故事告诉我们：要学会为集体着想，奉献个人力量，要讲求相互协作，富有担当意识。希望同学们都能拥有团队意识与协作精神，并能因此受益终身。

教学反思

一、实践心得

1. 学生都很兴奋，跃跃欲试，急不可待地要投入到游戏中，可见这样的拓展活动很受学生的欢迎，甚至有伤在身的学生也想参加，但被我劝阻了。

2. 作为监督学生的助手，有的并没有当好角色，他们也把自己归入了参加比赛的状态，为被自己监督的小组提供信息。以后要把规则提前讲清楚，帮助每位同学清楚自己的分工，这样才能让他们的行为与自己的角色相称。

二、点滴建议

1. 在学生分享环节，对教师的引导要求很高。教师说得多，就会抢占学生的机会；教师说得少，学生不能完全释放自己的热情和分享的欲望。要多关注内向的学生，在游戏中他们和别的学生一样都能积极参与其中，但是分享环节他们明显有退缩倾向。

2. 为了增加竞争性和趣味性，在规则介绍之前，宣布奖罚措施：最后完成任务的一组成员表演节目。

3. 为了增加难度，可以在扑克牌与学生之间的适当位置放置障碍物。

第39课　黄金60秒

◎ 王秋霞

教学背景 心理拓展训练引入我国最初只是作为团队训练的一种手段，由专业的人力资源培训公司运作。心理拓展训练以它“先行后知”的体验式学习方式打破了传统的以“教”为主的教育模式，让学生在愉快、积极的参与中学到知识、领悟道理，通过亲身体验来挖掘潜能，能够培养学生的创新精神和实践能力，促进学生果敢、顽强、自信、团结等优良品格的形成。目前，越来越多的学校将其作为教育内容和学生心理发展的手段进行尝试。我们也在积极进行探索，为了满足学生的要求，以心理拓展的方式设计心理课。当然，我们也要考虑班级人数、时间限制、天气、场地、道具、多班同时上课等因素。

教学目标

1. 了解合作、分享的重要性。
2. 培养团结合作、责任分工意识。
3. 正确对待生活中的竞争与合作。

教学重点、难点 了解合作、分享的重要性，正确对待生活中的竞争与合作。

适合对象 初一至高三年级。

教学时间 50 分钟。

活动准备 1 ~ 30 个变异数字卡片，1 个秒表（有秒表功能的手表也可），两个助手（负责把卡片打乱、归位）。

教学过程

一、快速分组（5 分钟）

［活动规则］通过报数，将全班分成 4 个大组。

［设计意图］以最快的方式进行分组，建议每组 8 ~ 10 人。

二、介绍规则（5 分钟）

师：今天的活动叫“急速 60 秒”。这个活动要求在 60 秒内完成。每个大组都有 3 次机会，如果没有完成，我们有“大礼包”相送。第一个完成的大组有两个权利：1. 决定“大礼包”的内容；2. 决定以什么方式送给没有完成的组。大家想不想赢呀?

［规则介绍］

这里有 30 张卡片，每张卡片隐含 1 个数字，从 1 到 30。等一会儿我和我的助手会把它们随机摆在地上。

每个大组推荐一个反应快的人，只有他可以站在卡片中间。他的任务是：按照 1 到 30 的顺序依次将卡片拿起来给我，除了中间的同学，其他人的手不能触碰卡片。每碰 1 次，从你们的 60 秒里减去 1 秒，依次累计。

这个活动需要尽快从 1 拿到 30 递给我，在 1 分钟内完成的团队获胜。大家有 3 次机会。

［设计意图］营造竞争氛围，讲清活动规则。

三、黄金 60 秒（30 分钟）

［活动准备］

1. 教师带领两名学生助手，在距离学生 8 米的空地，将 30 张卡片随机摆在地上，以半径 50 厘米的圆为宜，卡片正面朝上。

2. 摆好卡片，给学生布置任务。助手 1 负责召唤学生，助手 2 负责报告时间，两轮之间助手 1 和 2 协助教师快速布置卡片。

第一轮，助手 1 按大组顺序依次召唤。注意事项如下：

1. 教师提醒学生：围观同学动口不动手。

2. 为了确保秩序，学生拿一张卡片递给教师。如果正确，教师接过卡片；如果错误，将卡片放回。

3. 时间控制：学生基本属于迷糊状态，个别同学尚未摸清规则。所以第一轮适当延长时间，建议每组用时 90 秒。

4. 时间到，请同学们快速撤离。

5. 每组撤离后，快速将卡片归位，适当调整位置。

第二轮，时间控制：建议每组用时 90 秒。有的大组能找到 16 张以上卡片。

第三轮，时间控制：建议每组用时 70 秒。多数大组能找到 26 张以上卡片。

如果时间允许，进行“大礼包”赠送。

[设计意图] 在学生的协助下，教师组织学生有序进行。

四、学生分享（5 分钟）

师：大家有什么体验或者感受？

生 1：默契很重要，大家要有分工，每个人要关注好自己眼前的卡片，会更有效率。还有人多的时候要减少杂音，否则拿卡的人听不清指令，会晕头转向。大家在一起交流，把所有的数字汇总一下，第二轮时被个别的数字卡住，再熟悉一遍，第三轮有合作有分工。拿卡时左右手同时开工，节约时间。

生 2：第一轮拿到 5，第二轮拿到 12，第三轮时其实已经提前找到了所有的数字，但是在找 13 时卡住了，费了很长时间，根本想不起来。所以你根本不知道接下来会发生什么事情，人生就有太多的不确定，不要过分地自信或失望，顺其自然就好，从活动中学到经验才是最重要的。

生 3：每个人都是息息相关的，我觉得最重要的还是团结。

生 4：在一个团队里，要分清主次，有人太急，总想用手摸，这样会被扣时间。

生 5：每个活动都有规则，像高考，有各种规则，我们要遵从规则，公平永远都在每个人的心里。

生 6：任何事情都要有方向。这个活动最重要的是速度要快。

［设计意图］ 引导学生分享活动中的感受、策略，以及由这个活动引发的现象及思考。

五、结束（5 分钟）

师：刚才的活动中，我看到 4 个大组都做到了分工与合作，非常努力、拼搏。有的组取得了很好的成绩。请问，在刚才的活动中，大家是否有过信息分享、策略分享?

生：没有!

师：为什么没有呢?

生：因为都想让自己赢，让别人输。

师：假如我们在第一轮的时候就分享了信息和策略，结局会怎样? 竞争与合作是可以并存的。那样的话，我们的成绩会更好。

(学生反思。)

师：今天的活动，我们只关注到了竞争，忘记了合作，类似的情境在以后的生活中比比皆是，比如我们的学习，在竞争中，有效分享与合作，一定能双赢。

教学反思

一、教学心得

1. 这是最能调动学生积极性和参与热情的活动，也是最能带给学生冲击和反思的活动。学生最好的成绩是 50 秒。卡片的大小、随机摆放的位置都会影响活动的效果。

2. 教师可以备用几套变异卡片，以防班级间学生互通信息。

3. 有一个班因为天气原因，转到团体活动室上课，且时间充足，有 60 分钟，我有机会尝试运用反思卡（绘有齿轮、问号等简易图案的工具卡片），效果极好，因为拿了卡的学生不仅有话说，而且发言都很独特。

4. 如果没有借助分享工具，教师如何引导，才能让学生把活动中的感受自觉地表达出来？我做了一些调动，例如：今天的活动，大家开心吗？我猜在看到卡片的第一眼时，好多人都蒙了，而且对于规则是不太明白的。但是后来你们挑战成功了，大家是怎么做到的？拿卡的这些人是不是很勇敢？我们要不要表示一下？大家彼此之间能够交流、合理分工、默契合作要不要鼓励？其他成员在整个过程中的专注给不给力？同伴紧张积极的提示，要不要感谢？“急速 60 秒”，单独一个人能完成吗？小组之间要不要分享？最好的结局是什么？我们最终的目的是只让自己的组成功，让其他组都失败，还是能够让所有的组都能成功？你有什么感受或想法？联系到我们的生活，你有哪些想法？

二、点滴建议

1. 如果在室外活动，最好设置一个界线，数字卡和学生等待区相距 10 米。这样活动组能避免等待组的干扰，教师也能掌握所有学生的情况。

2. 要求没有被召唤的组,不能越过界线。可由 1 个学生助手负责监督或召唤。

3. 如果在学生的视线内进行活动，可以给第一个组适当多一些时间，再强调一下规则，因为其他组的同学都在观察第一组，他们的行动将是一个示范。

4. 在每组挑战后，调整数字卡的位置，尤其是一个组挑战成功后，一定要把数字分散开，难度越大，学生完成后越兴奋。

5. 可以提前将活动规则打印一下，发给各组。如：

(1) 这个活动有 30 张卡片，这 30 张卡片隐含了 30 个数字，从 1 到 30。

(2) 先挑选 1 人站在圈中，负责拿卡片递给老师，找到 1，把它给老师，老师点头或没说话，说明这是对的。依次再找 2、3…… 圈外队员可以提示，但不能碰卡片。每碰 1 次，减 1 秒。在 1 分钟内从 1 拿到 30 的队获胜。每组有 3 次机会。

(3) 听哨声的召唤出发或者迅速撤退。

(4) 一个组在活动时，其他组的队员不能越过规定的界线，每违规 1 人扣时 2 秒。

附：数字变异卡（以图片、汉字等形式呈现）

1 ~ 5：冠军、孔子排行、伞、肆、武术

6 ~ 10：钟表、老婆、发、酒、红十字

11 ~ 15：两个光棍、？个月、耶稣、154÷11、食物

16 ~ 20：石榴、17 个脚印、降龙十八掌、7：00PM、廿

21 ~ 25：212−191=、晚上十点、人类染色体、？节气、52

26 ~ 30：26 个字母、三九胃泰、4 个 7、二月最后一天、磊

第40课　穿越电网

◎ 闵宇飞

教学背景 初三和高三学生已经进入中、高考备战的最后冲刺阶段，面临人生的重大机遇与挑战，不少学生已经心生疑惑："最后阶段时间不多了，我能达到自己的目标吗?"还有些学生会丧失信心："时间不多，我不行了……"针对学生的自我怀疑现象和自我效能感，设计了本课，通过拓展活动让学生领悟。

教学目标

1. 改变不合理认知：凡事没有绝对，更没有糟糕至极，只要意志坚强、持续努力，总有成功的可能。

2. 提高学习的意志品质，养成解决问题的良好行为习惯，培养解决问题的行动能力。

3. 觉察自己面对压力时的情绪体验和应对模式，体验成功后的喜悦和调整失败后的心态。

教学重点、难点 让学生全身心投入活动中，在分享环节积极表达。

适合对象 初一至高三年级。

教学时间 50 分钟。

课前准备 用尼龙绳制作两张"电网"道具（"电网"规格：40cm×60cm，"电网"高 1.4 米左右，长 6 米左右），记录本，夹子，秒表，打印好的活动规则，哨子。

选择有树的空旷场地，提前将"电网"布置在两棵树之间。提前告知学生活动要求，让学生在课前有所准备。

教学过程

一、热身游戏：剪刀石头布（3 分钟）

［活动规则］进行“剪刀石头布”游戏，男男对决、女女对决，胜利者为一组，落败者为一组。

两组分别推举一名队长，并由胜利者一组的队长先选择“电网”。

两组各推荐一名安全执法员，作为教师助手，不用参与穿越，只需帮助教师监督活动纪律和安全，并随时封闭使用过的洞口。

二、讲解游戏规则和注意事项（5 分钟）

1.“穿越电网”游戏背景

师：同学们，经过刚才的分组，我们已经成立了两支队伍，什么队伍？反恐突击队！我们的任务是到恐怖组织占领地区搜集重要情报并解救人质。现在，我们已经顺利地完成了任务。不幸的是，在队伍撤离的时候恐怖组织发现了我们，并封锁了主要的出入口。现在，只有一条小道可以逃生，但是，恐怖组织在这条小道上布置了一张大网，这不是一张普通的大网，是一张有着一万伏高压的“智能电网”，大家只有穿越这张“智能电网”才有机会生还。请注意，在穿越的过程中身体及身上的任何物品触碰到电网都会被击伤并使这个网眼关闭，每一个网眼只能使用一次。恐怖分子的搜索队将在 20 分钟内赶到，他们的火力远在你们之上，由于你们每个人都身负重任，必须全体通过，你们别无选择，开始行动吧！

2. 游戏规则及要求

师：任务交代完了，大家肯定觉得时间紧迫、任务艰巨。接下来我要讲的对你们能否完成挑战具有决定性作用，那就是规则和要求。请大家集中注意力，认真听我讲解。

［活动规则］

所有人在 20 分钟之内，从网眼中穿过，到达“电网”的另一边。

每个网眼只能通过一人次，通过后立即封闭不能再使用。

任何人、任何物品不可以触网，如触网，则将触网位置所在的网眼封闭。

过网的唯一通道就是未封闭的网眼，两边的队员不可随意地从网外来回换边，如果发现有队员来回换边，那么将随机封闭一个网眼。

每次只能一名队员进行穿越，如有多人同时穿越，则视为无效，重新开始。

“救赎法则”：如果在规定的时间内，网眼全部用毕，而尚有一部分队员未能成功穿越，则可以采用“救赎法则”——做 100 个俯卧撑（或深蹲起），可开一个网眼；以后每开一个网眼，都是前一个网眼所做俯卧撑或者深蹲起数量的 2 倍。男生做俯卧撑，女生做深蹲起。所有的网眼只有一次重开机会。大家可以自由挑选开放哪一个。如果该网眼再次触网或通过，则永远封闭。

［要求］去除身上携带的任何硬质物体。

不能使用跳跃或鱼跃这样的危险动作进行穿越。

女队员在进行中空和高空穿越时必须脸朝上，建议把头发扎起来。

抬起队友时一定要确保安全，未安全着地之前抬人者不得松手。

［设计意图］讲清楚游戏规则，做好安全教育。

三、学生讨论并尝试（8 分钟）

给小组 8 分钟时间讨论穿越方案并尝试穿越。

四、穿越活动（25 分钟）

在游戏进行中，教师要做好执法者和安全员，严格执行游戏规则，并把握“前紧后松”原则。时刻关注学生是否有危险动作，保证学生的活动安全。

五、总结分享（9 分钟）

1. 教师总结

首先对大家顺利完成任务表示祝贺！在刚才的活动中，你们完美展现了智慧、勇气、努力和坚持，你们创造了了不起的成就，让我们为自己鼓掌！

我要说的第二句话是，在活动中，你们集思广益、相互配合，用行动完美诠释了什么叫团队合作，什么叫 $1+1>2$，展现了强大的团队力量，让我们为我们的团队鼓掌！

我要说的第三句话是，虽然我们大部分队员完成了穿越，但是还有一部分队员没能成功。也许在这里成功不属于他们，但是，如果没有他们的帮助，你们能成功吗？让我们为无私奉献的队友鼓掌！

刚才，我们向自己、团队、队友表达了感谢，同时，我们还要总结出自己的团队存在什么样的问题。比如：

当面对这张网时，我们的第一感觉是什么？觉得自己的团队能成功吗？

当屡试屡败的时候你们觉得难吗？想过要放弃吗？又是什么让你们坚持了下来？

当你被人抬起后是什么感觉？害怕吗？又是怎样渐渐地相信队友的？对那些帮助你穿越“电网”、死里逃生的队友，你有怎样的情感？

当时间所剩不多的时候，面对还没有穿越的队友，你们想过放弃他吗？又是怎么解决这个问题的？有没有哪位队友不愿意为最后的人付出自己的努力？

在整个过程中，大家是如何配置资源的？是队长说了算，还是听大家的意见？队长的价值如何体现？

2. 学生分享

师：现在，给大家 1 分钟思考时间。1 分钟之后，请大家分享。(1 分钟后)有没有哪位同学愿意分享？

(学生沉默……)

师：我明白，此时此刻站出来发言对你来说是一个挑战，但是请相信，只有说出来才会把你的点滴感触化为巨大的收获。有人愿意谈谈吗？

生 1：我觉得大家在活动中，有害怕，有焦虑，但是当我被大家托起来的时候，我完全地信任大家。所以，我要感谢各位！

师：应该感谢身边的给予我们帮助的每一个人，哪怕他未成功。这位同学说得非常好，大家掌声鼓励一下。还有没有其他人要分享？

生 2：首先，我觉得大家在这个活动中表现得很勇敢，特别是女生，她们让我刮目相看。其次，那些让我们抬起来的同学，他们敢于把自己交给队友，这种信任让人感动。

师：人与人之间的相互信任是让我们最为感动的。还有哪位同学愿意说说？

生 3：这个游戏考验的是大家的团结协作能力，无论是穿越的队员还是抬人的队员，都需要相互配合才能顺利完成任务。

师：这就是团队的凝聚力，它可以化为战斗力。还有吗？

生 1：老师，我再补一句吧。我们要感谢对手，没有他们我们也不会这么快，是不是？

师：感谢自己，也感谢对手。还有吗？

生 4：这个活动中，我们感受到了真挚的同学情谊，还有三个月就要高考了，我希望大家能在高考之后多多联系，保持这份美好的友情！

师：友谊地久天长！说得很好！

生 5：我希望在学习中大家也能像刚才一样，相互帮助，相互关爱。

师：我相信，大家一定会的。

生 6（安全执法员）：我是安全执法员，以前自以为我是一个正直的人，可是在这次活动中，我认识到公正无私的执法真的比我想象的要难，以后我要做得更好。

师：我们发现了一个更完美的自己。我们也会思考下一步怎样让自己变得更完美。还有哪位同学想发言？这是最后一个机会。

生：唱歌吧！“朋友一生一起走，那些日子不再有，一句话一辈子，一生情一杯酒……”

教学反思

一、实践反思

1. 称呼要变化。因为备考的紧张，学生走出教室后的表现十分“淡定”。所以，一定要让学生在活动开始前先放下自己的固有身份和思维，告诉他们，离开了教室你们就不再是“学生”，而是“队员”。在活动中使用“队员”的称谓，这样有利于他们顺利投入到活动中去。

2. 分组要合理。因为活动中男女生发挥的作用不同，所以在分组的时候一定要考虑到使各组男女生人数相当。同时，“剪刀石头布”的游戏有利于把平日十分亲密的伙伴暂时分开，这样有利于学生在活动中发现新的自我、建立新的关系、产生“高峰体验”。

3. 规则要讲清。把规则打印出来，教师在讲解时给各小组发一张，学生能够领会得更快更准确。

4. 安全最重要。为什么要安排安全执法员？在活动中，不可避免地会有学生不方便参与活动，但是他们已经来到室外，让他们回到教室或做观众是不合适的。同时，本活动开展过程中需要关注的要点太多也需要助手，于是安排这样一个角色。事实证明，安全执法员在活动中也会有不同的体验。

6. 分享最关键。让学生分享，不是一件简单的事。也许学生在活动中显得生龙活虎，但在分享时免不了会冷场。所以，安排分享时，先给他们 1 分钟时间静静地思考，让感受沉淀，也让他们做好语言和心理上的准备。当然，第一个人发言之前，教师需要示范和鼓励。

二、点滴建议

让班主任和任课教师参与活动效果会更佳。

第41课　传球夺秒

◎ 严俊飞

教学背景 培养学生的创新精神，不仅是社会发展的要求，也是培养学生独立人格的要求。培养学生的创新精神，关键在于培养学生的创造性思维，即以超越常规的眼界，从特异的角度观察思考问题，提出全新的创造性解决问题的思维方式。培养创新精神有助于培养学生的合作精神。利用创造性思维，集体思考，使大家发挥最大的想象力，让一个灵感激发另一个灵感，产生创造性思想，并从中选择最佳解决问题的途径。

教学目标

1. 运用脑力激荡寻找优化策略。
2. 体验团队合作的作用。
3. 培养学生创新意识，开发创新能力。

教学重点 运用脑力激荡寻找优化策略。

教学难点 体验团队合作的重要性。

适合对象 小学至高中年级。

教学时间 40 分钟。

课前准备 乒乓球若干个，秒表 4 只。

教学过程

一、热身游戏：桃花朵朵开（8 分钟）

［规则介绍］

师：大家来到室外上课，一定很兴奋。还记得我们心理课的规则吗？

生：相互尊重；服从指令。

师：好，我们先来做一个游戏，名字叫“桃花朵朵开”。请以老师为中心，围成一个圆圈。

师：全体向右转，慢慢向前走动。我发出口令“桃花朵朵开”，同学们问“请问开几朵”，我会发出 1 ～ 8 朵这样的指令。当我下达几朵指令时，几个人快速抱在一起，开出美丽的花朵。

［游戏环节］

1. 随机开 3 朵、4 朵、6 朵等。请落单的同学表演节目或者谈谈活动感受。

2. 最后一次开 7 朵，为分组做准备。

（根据男女生情况适当调整，将全班分成 4 个小组）

［设计意图］活跃气氛，实现分组。

二、主题活动：传球夺秒（21 分钟）

1. 规则介绍

师：今天我们活动的主题是“传球夺秒”。

请大家仔细听规则：两个乒乓球依次通过每一个成员的手，用时最短的组为胜利方。

现在请各小组派 1 名同学到我这里领取 2 个乒乓球。注意保证乒乓球的清洁与完整，活动结束后交到我这里。

现在练习 5 分钟时间，如果你们觉得找到了好方法，并且小组配合得很好了，可以举手示意，开始你们的表现，最后我们会有一个小组挑战环节。

2. 脑力激荡

大多数小组一开始听到规则都会发愣，在短暂的思考后大家会开始进行尝试，这时候团体领导开始出现。这期间，会出现探视其他小组的现象，小组间也发生了一些不愉快现象。

对个别同学的疑问只重复规则。

刚开始各小组均采用“传”的方法，因为配合不好，所以速度不快。启发学生分析原因、总结经验、吸取教训，尝试改变方法，指导学生体验合作提高效率。

在练习环节为做好准备的小组计时，并对该小组进行鼓励，配合还可以更好，方式还可以更优化。及时宣布不断被刷新的用时新纪录，提示改变方法，提高速度，不断宣布出现的新方法。

要注重过程而不是结果，所以主持人不要急于公布最佳方法，对新思路、新方法要质疑、验证，在探索的基础上获得成功。

3. 挑战行动

各小组展示自己配合最好、方式最优化的最终结果，每组有两次机会，宣布每组最少用时。

[设计意图] 通过脑力激荡寻找解决办法，不断追求极限速度；在活动中形成领导核心，以竞争为目标培养合作意识。

三、分享（9 分钟）

师：请以小组为单位面向我排成 4 列纵队。给大家 10 秒钟时间，倒计时开始。10……

生：9，8，7……

师：今天大家玩得都很开心。现在到了我们思考分享的环节。给各小组 1 分钟时间思考，每组推荐一名同学给大家分享。

师：请大家从以下几个方面去思考：你们开始听到规则之后，是怎么做的？规则不清楚、不明白的时候是怎么做的？你们尝试了多少种方法？在各种尝试和配合中你们遇到了哪些问题？是怎么解决的？

师：通过今天的活动你有什么感悟？

生 1：来室外上课很开心，虽然我们不是最快的，但我们每一个人都很努力，配合得很好。我们小组是最棒的！

生 2：没有最好，只有更好，要不断地想办法。

生 3：要学习他人的长处。

生 4：耐心听他人的意见很重要，每个人都有想法，不能只想着自己的想法，要多倾听。

生 5：一个好的领导很重要，他能带领大家快速地找到解决问题的办法。当然大家的配合也是至关重要的。

［设计意图］通过分享活动心得，相互学习解决方法及配合方式，升华活动感悟。

四、活动总结（2 分钟）

师：我们无时无刻不在解决身边的问题，你的方法是否最有效，只有把自己放在集体中，才能不断寻求新方法、新思路，少走弯路。

教学反思

一、实践心得

1. 本节活动课学生积极性很高，脑力激荡调动了大家的积极性，挑战环节让每一个学生都十分努力地来玩这个游戏。竞争与合作在本节课体现得淋漓尽致。

2. 学生有不同的想法和创意，要及时了解并鼓励他们在群体中提出并讨论实施。

二、点滴建议

1. 可以把规则设置得简单一些，让学生有更大的发挥余地。

2. 练习和挑战环节要注意保持氛围，应对可能出现的指责和消极阻抗（抗拒游戏）。对于指责，要通过辩论予以克服；对于消极阻抗，要通过鼓励、树立榜样和竞争机制促使大家积极面对游戏活动。

3. 在分享前先把老师观察到的各组情况做一个反馈，正面积极的给予肯定，负面的加以引导。尽量找到各组不同的积极方面，便于各小组思考分享。

第42课　信任之旅

◎ 崔小胜

教学背景 团体心理辅导是在团体的情境下进行的一种心理辅导形式，它是通过团体内人际交互作用，促使个体在交往中观察、学习、体验，认识自我，探索自我，调整改善与他人的关系，学习新的态度与行为方式，以促进良好的适应与发展的助人过程。本次活动采用“活动—体验—感悟—提高”的模式，通过参与成员的主动参与和带领者的适当引导，消除人与人之间的心理壁垒，促进成员自我探索能力的提升，逐步形成信任、尊重、关爱、自由和安全的氛围。

活动目标

1. 了解多种沟通方式。
2. 体验自助与他助的重要性。
3. 增进了解，树立积极主动的人际交往态度。

适合对象 初一、高一年级。

教学时间 40 分钟。

课前准备 眼罩 30 个，路线设计，环境要求。

教学过程

一、热身活动：生日线（5 分钟）

［活动规则］整个过程不能说话，只能用非语言沟通。找到和自己同月份出生的朋友，围成圈。然后按出生顺序排好队。我们看看哪个月份的同学先完成任务。

（学生活动。）

师：在刚才的活动中，同学们不说话也可以完成任务，你是怎么交流的呢？

生 1：比画着猜的。

生 2：我们用手写在同学的手上后完成的。

师：打手势、眼神交流等动作，这些都是生活中非语言沟通的方式，这种沟通方式很重要。两个人在一起，话多不代表关系好，话少不见得不是朋友，你的非语言行为能更好地表达你的真诚。

［设计意图］体验非言语沟通，让学生了解多种沟通方式。

二、主题活动：信任之旅（34 分钟）

（一）准备工作（3 分钟）

师：首先，我们在活动之前，要做以下准备工作：

1. 招募监督员 4 ～ 6 人，主要职责是监督活动规则遵守情况，同时承担跨越障碍时的安全保护工作。

2. 分成两队，一队同学扮演“盲人”，另一队同学扮演帮助盲人的“拐棍”，由“拐棍”帮助盲人完成室外有障碍的旅行。

学生自愿为主，完成以上招募和结对。

［活动规则］

1. 不许有语言交流，遇到任何问题只能通过非语言交流。

2. 走完所有规定路线。

3. 出现任何问题都不能摘掉眼罩。

4. 不准嬉笑打闹，严格按照要求完成活动，安全第一。

5. 严格完成自己的角色要求，不要替代他人。

［设计意图］活动前准备，让每个成员了解活动规则。

（二）组织活动（23 分钟）

师：大千世界充满着精彩，诱惑着每个人去索取、去享受、去追求……

大千世界也充满着艰难，迫使着每个人去面对、去承受、去改变……

在茫茫人海之中，有谁能与你同行？与你分担忧愁？与你共享快乐？不妨去找一找，去试一试，体验一下自助与他助、信任与被信任、爱与被爱的幸福与快乐。

请各位“盲人”戴上眼罩，原地转三圈，身体晃一晃。“拐棍”开始引领盲行体验，监督员监督对规则的执行，并认真观察“盲人”和“拐棍”在盲行体验中的非语言行为，同时负责安全保护。

注意：教师关注学生行进间状况，记录活动细节，锁定重点学生分享感受。

[设计意图] 情境导入，活动预热。

(三) 分享体验环节 (8 分钟)

师：恭喜大家齐心协力顺利完成了任务，请把掌声送给自己。(鼓掌) 刚才我们一同走过草地，跨过独木桥，迈过沟壑，穿过密林，钻过山洞，蹚过激流，无论平坦还是崎岖，你的同伴时刻在照顾着你。“盲人”同学，请你摘下眼罩，此刻你最想对你的“拐棍”说的一句话或做的一个动作是什么？那就说吧，做吧！

(学生活动。)

师：两个人在一起的时候你们之间的交流是怎样进行的？默契是如何形成的？当你戴上眼罩后，有什么感受？当“拐棍”牵起你的手慢慢带你走的时候，你感受到了什么？在这个活动中，你是如何理解信任与责任的？希望同学们来分享一下。

生 1：当我看到一个同学被蒙住了双眼，看到她手足无措、一副很无助的样子时，我觉得她好可怜，十分同情她，想着平日能睁着眼睛走路是多么幸福。于是，我就毫不犹豫地搀扶她，告诉自己一定要做好她的“拐棍”。

生 2：我扮演的是“盲人”的角色，当时想不就是走路嘛，不要人扶我自己也能走得很好。但真走起来，心里还是充满了恐惧，每走一步、每跨一个障碍都颤颤巍巍。旁边的“拐棍”不是很用力地拉着我，而是轻轻捏捏我的右手暗示我右转，或轻轻按下我的头，示意低头，或揽着我的腰让我转弯。在慌乱无助的旅途中，同伴无言的动作，温情的指点，让我感到无比温暖。当眼罩摘下时，我深情地拥抱了我的“拐棍”，充满感激。

生 3：蒙上眼睛后眼前一片黑暗，仿佛世界成了浮影，一切都是空白。即刻掠过一个念头：假如我真是一位盲人，是否有勇气在这黑暗的世界中生存？就在我彷徨的时候，一双温暖的手搀扶着我。顿时，一种说不出的激动和勇气在心中涌动，鼓励自己去尝试做盲人的行动。

生4：在游戏中我作为“拐棍”，还是进行得比较顺利的，每过一个障碍物，我都会提醒我的同伴。看到别组的“拐棍”有好的引导方法，我也会进行模仿。我自认为完成得很好，我很高兴能对同伴负责，我体验到了一种被人信任的幸福。

生5：我做“盲人”后，才真正意识到原来这个游戏并不简单。特别是作为一个“盲人”，在你不知道你的“拐棍”究竟是谁的情况下，在没有任何交流的情况下，要做到百分之百地相信他（她），并按照他（她）的指引前进，是一件非常困难的事。回过头来再想想当时被我牵引的“盲人”，发现原来她也非常不容易，如果没有她的信任，我们的任务是绝对不可能完成得这么好的。

生6：当把自己的安全交到朋友手上时，说明我们之间充满了信任。

［设计意图］让学生体验付出与信任，理解自助与他助同等重要。

三、活动总结（1分钟）

师：这是一次前所未有的体验，通过“盲人”与“拐棍”角色的体验，反思自己在帮助他人与信任他人中的不足。在活动中，进一步体验了同学间信任与被信任的欣慰与快乐，所以“谢谢你!”是由衷的表达。同时，我们还要怀有一份感恩的心，感谢在人生路上陪伴自己的同学、朋友、老师、父母，谢谢他们给予我们的帮助和关怀。

教学反思

一、实践心得

1. 体验胜过说教。“拐棍”的出现是“盲人”期待的，但做好“拐棍”也不是简单的事，许多“拐棍”自己能看到前面的障碍，就以为“没什么，我肯定可以顺利通过”，领着“盲人”快速前进，无法体会“盲人”为什么如此犹豫不前。

2. 引导学生从他人角度出发考虑问题。“盲人”对眼前一无所知，心存戒备，对“拐棍”的引导不是十分信任，所以步履不可能轻松，心底无法坦然。通过“盲人”与“拐棍”体验，让学生反思自己在助人中的不足，体验被信任的快乐。

3. 锻炼学生的多种沟通方式，懂得换位思考，认识到沟通和责任的重要性。

二、点滴建议

1. 教师事先选择好路线，障碍要考虑难度和安全性，要有跨越、下蹲、上下楼梯等多种设置，可尝试设置一两处有难度的障碍，活动前要提前踩点，预估时间。

2. 提醒学生不要催促同伴，注意安全，监督员要做好安全保护，尤其是过障碍物时，随时监控。

3. 携带音响播放《牵手》等音乐，烘托气氛。

后　记

这本书的前身是《虾米的鲨鱼梦》，让它华丽变身为《42 堂心理必修课》并和大家见面的机缘始于一次会议。

那就是 2018 年 10 月在郑州举办的第二届青少年生命教育高峰论坛暨第一届全国中小学心理健康教育特色成果展示和心理教师专业能力展示大会。和 60 多所高校、科研机构及其他学校的展台上正式出版的教材相比，我们摆放的《虾米的鲨鱼梦》尽管“没有书号，没有出版”，依然自信满满，因为它饱含着 12 个人的梦想和追求。

第一位怀着好奇心来阅读《虾米的鲨鱼梦》的是来自山东的一位老师，他认真地翻看了 10 分钟，抬头把目光锁定在我们易拉宝上的目录，开始感慨：“我在初中教了很多年的心理课，从来没有想过要这样整理。像你们学校三个年级都开课的，实在不多，而且书中的许多内容也适合在初中使用。”

有个刚参加工作的年轻人说：“我是学校唯一的心理老师，整天发愁要上啥课，怎么上课，现在有了这个宝贝，照着模仿就行了。”

随后的 30 分钟里，只要认真浏览的读者，都变成了我们的粉丝。这本手册在“没有书号，没有出版”的情况下依然获得了高度认可。

亲眼见证了这么多人对它的肯定和期待，我意识到它的出版时刻到了。为了这一天，我们足足等了 8 年。

回首 8 年前，我校决定在三个年级全面开设心理健康课，我被任命为心理教研室主任，要带领另外 11 名新手进行备课、上课，兴奋之余，焦虑至极。那时，我们面临的第一个挑战是备课。买了很多教材、教参，搜集了一些教案，却不知道如何使用。作为一个新手，迫切需要的是了解每节课的大概过程，包括如何开场和收尾，每个活动应该怎样去引导、点评、过渡、小结，课程结束时应该如何升华总结，每个环节学生可能会有什么反应，这些当时没有任何资料可以借鉴。

因为迫切需要一本心理课的操作手册，苦苦寻求而不得，于是我们 12 个人花了 8 年时间，亲手创造了它。

我所在的河南省济源第一中学共有 12 位心理教师，我们把最初的自己视为小虾米，每个虾米都有一个远大的鲨鱼梦：能上好课、会辅导、可以开讲座……我们朝着这个方向一直努力。为了建设心理健康教育的主阵地，为了让心理课的效果能延伸到学生的点滴生活，为了把心理课变得有趣有用，为了帮助学生实现心中的梦想，课程研发始终是我们的首要目标，也是我们一直努力的方向。

如今，虾米们的梦想正在逐步实现，我们写在书中的多篇课例曾经在全国、全省等范围进行过交流展示，得到一致好评。这些年是我成长的黄金时期，秘诀之一就是每节课的实录写作过程，写课时一边整理一边反思，不满意的记录下来去完善，有了新的想法马上去尝试，这是一个精益求精的磨课过程，而且因为要记录所以上课时更用心，我本人从中获益匪浅。如果你也愿意加快成长步伐，建议你也尝试这样记录。

42 节课均根据师生的真实互动与分享进行整理，读者参考书中教学实录，可以大大提高备课效率。

本书适合心理健康教师、班主任、热爱心理健康教育的教师和准备投身于心理健康教育队伍的朋友阅读参考。阅读这本书，会让你在实践之前对每节课有一个画面感和基本预设，胸有成竹地应对课堂上的生成情境。

无论你是心理健康课的初级实践者还是资深实践者，相信这本书都能带给你一些有益的启发。

我和小伙伴们在探索与成长的过程中，阅读了大量参考书（如《心理健康辅导团体训练》《萨提亚冥想》《汤姆 · 史立福教你学催眠》等），受到网络、公众号（如“壹心理”等）上文章与视频的启发，并将外出培训学习到的知识运用到教学实践中，部分灵感来源于“8+1 创意心理群”的交流与碰撞，在此一并向给予我们指导和灵感的专家、前辈、同人表示感谢，他们有史彩娥、游金鄰、盛丹、李惠君、岳晓亮等。上述提及的书籍、公众号、专家的排名无先后之分，未穷尽列举。

另外，感谢所有关心和支持本书出版的朋友。感谢参与课程实践与整理的伙伴们，你们的参与使我们共同创造了这个课程体系；感谢无数可爱的学生提供了最及时、最真诚的反馈；感谢“8 + 1 工作室”发起人秦望老师提供了研讨方向；感谢济源一中韩玉奎、汤初胜、卢光春等领导的大力支持和充分信任；感谢济源市教育科学研究所崔建平所长对我们长期的指导；感谢大象出版社的梁金蓝老师为这本书拟定了正式的书名；感谢我的先生商剑涛一路走来对我的理解和支持。

由于水平和能力所限，希望得到对心理课有深入研究的专家学者、同人的意见和建议。心理课的探索永无止境，为了对心理健康教育尽一份责任，让心理课散发出应有的魅力，不辜负学生的期待，帮助他们健康成长，让我们一起努力。

王秋霞